石破茂×宇野常寛

こんな日本をつくりたい

太田出版

こんな日本をつくりたい

はじめに

昨年（二〇一一年）の秋、僕（宇野）はテレビの討論番組に生出演した。ＮＨＫスペシャル「政権交代2年　政治は〝漂流〟から抜け出せるか」――小泉純一郎政権の後、短命政権が続きまったく安定しない日本政治の脱出口を探る、という番組だ。出演者は民主党から岡田克也氏と古川元久氏、自由民主党から石破茂氏と林芳正氏、経済学者の浜矩子氏、そして僕だ。正直、僕一人だけ（年齢的にも職業的にも）完全に浮いていた。自分でもどうしてこの番組に呼ばれたのか、さっぱり分からなかった。どうやら「若者代表」ということで番組に呼ばれたらしかったが、僕は評論家といっても政治評論家でもなければ、経済評論家でもない。文化批評、それもどちらかと言えば若者向けのポップカルチャーが専門の評論家だ。流行のアニメやアイドルの話ならいくらでもできるけれど、政治のことなんてさっぱり分からない。けれども、こうやって二大政党の幹部に、それも生放送で言いたいことを直接ぶつけられるのはとても貴重な機会だと思った。だから僕が一有権者として、一国民として、普段から政治に対して考えていることを思いっきりぶつけてきた。

僕の考えではこの「政治漂流」、すなわちポスト・コイズミ時代の政情不安定は、自民／民主という二大政党体制が機能していないため、議会制民主主義自体が麻痺しつつあることの証左である。誰もが気づいていることだが、今や自民／民主の両党はともに右から左まで、新自由主義から社会民主主義まで、親米から反米までほぼすべての論者が党内で一通りそろってしまう総合デパート状態だ。つまり、呉越同舟が過ぎて政策レベルではまとまりようがない上、口あたりのいいことを述べて有権者のボリューム層に訴えようとするのでどちらも似たような政策になってしまう。どちらのマニフェストも幕の内弁当のようなもので、せいぜい副菜がコロッケか、カキフライかの違いしかない。その結果、党内抗争が絶えないその一方で、政権は常に政策論争ではなくスキャンダルの追及と人格批判にさらされ続けることになる。これで「政治漂流」にならないほうが不思議だ。この状態はもはや大きな政界再編でしか打開できないし、そのためには選挙制度や政党文化自体の見直しも視野に入れた議論が必要なはずなのだ。

しかし、番組の構成はそうは運ばなかった。

僕が前述した構造的問題は例によって「指摘はもっともだがそう簡単にはいかないの

だ」的な事実上何も言っていない答弁によってごまかされ、ポスト・コイズミ時代の「政治漂流」の原因を探ることを目的としたこの討論番組は、番組後半からなぜか「リーダーの資質」を問う人格論にシフトしていった。曰く、新時代のリーダーは「対決型」か「協調型」か。……ちょっと待ってほしい。この数年で五人も六人も首相が、それも相当にバラエティに富んだキャラクターを持った総理大臣がコロコロ代わったのは、彼らがそろって「対決型」か「協調型」のどちらかに偏っていたからだろうか？ そんなわけがない。誰が総理になっても政権が平均一年もたないような小泉以降のこの状況は、どう考えても個々の人格より構造の、個々のプレイヤーの能力よりゲームのルール、システムに問題があると考えたほうがいい。その辺の議論を簡単な問題提起だけに留め置いて、「信長に学ぶリーダー術」みたいな本を読んでいるサエない中間管理職の居酒屋談義レベルの「人格論」を戦わせていったいどうするつもりなんだろうか。

　ほとんど差異のない（せいぜい野党のほうがはっきりと「増税」と具体的な額を含めて書きやすい程度の差しかない）政策を建前的に戦わせる一方で、相手の失言やスキャンダルを待ち構えて足を引っ張り合う「政局」だけがブクブクと肥大する現代の政治に、（本当に月並みな言葉だが）国民が呆れかえっていることに僕の目の前にいる両党の幹部は気づいていない。いや、気づいているが過小評価している（舐めている）のだ。僕は意図的に番組の空気を無視して、話を混ぜかえし続けた。番組の構成への不満までその場で口にした。これは番組を適度に「成立させない」ことが「若者代表」としての僕の役目だと考えて取った戦略だった。

他の出演者もその意図は察していたと思う。しかし、何度繰り返しても僕の問題提起は無視され続けた。

ただ一人、石破茂議員を除いては。


「具体的に何をするのか。そのために何が必要か、国民の前に示しますから、嘘を言った人間は次の選挙で落としてください。そういうことだと思います。政治家は甘えてはいけない、国民に対する厳しさをもって臨みたい。自分の主義主張を実現するために政治家をやっている。その責任感を持つべきです」

（ＮＨＫスペシャル「政権交代2年　政治は〝漂流〟から抜け出せるか」より）


石破茂だけが、あの時僕の話に耳を傾け、真摯に正面から応答してくれた。

そして石破茂だけが、僕と、そして放送を観ている国民に届く言葉で語ろうとしていた。

こうした番組自体がもはや疑似問題（リーダーの人格論）を戦わせて、より本質的な問題（議会制民主主義の麻痺）を覆い隠すための茶番にすぎないという前提を、石破茂だけが僕らと共有していた。いや、他の政治家たちも「気づいて」はいただろう。しかし、「気づかないふり」をし続けていた。野田政権発足直後の公共生放送を無難にやり過ごそうという意識が先に立ったのか、彼らの言葉は僕の問いかけをことごとくごまかし、拡散し、別の話題に誘導していくために費やされていた。しかし石破茂だけが「気づかないふり」をしなかったのだ。

できる限りのことはやったつもりだが、壁に向かって拳をふるったような徒労感の残る番組出演だった。

僕は政治のことは専門外だ。しかし常識的に考えてこの国は暗礁に乗り上げてしまっている。一九五〇年代から七〇年代につくられた「戦後」的な社会システムが、福祉、税制、教育――あらゆるところで耐用年数を過ぎて根本的につくり直さなければいけなくなっている。にもかかわらず、それがさまざまな理由で……それこそ「政治漂流」の結果、ほぼ放置されてきたのがこの二〇年だと思う。ポスト・コイズミの「政治漂流」時代は政策論議自体を許容しない体質を永田町に定着させつつある。しかし、この番組で明らかになったのは、当事者たちの多くはこの「政治漂流」が現代日本における議会制民主主義の事実上の麻痺だという認識すらないということだ。

そして番組で議論したことの唯一の収穫は、石破茂という政治家を知ったことだった。

僕と石破氏はおよそ二〇歳の年齢差がある。世代も違えば、それ以上に思想も違う。

しかし、石破氏は確実に危機感を共有している。そして聞く耳を持っている。

僕はその後、ぼんやりと思い始めた。

もう一度、この人と話してみたい。

僕のようなノンポリのオタクが、毎日の生活の中で感じている「これではまずいんじゃないのか」という危機感、そして「なんでこうなっているんだろう」という疑問、そして「こんな日本になったらいいのに」という夢の話を、この人に聞いてもらいたい。その上で、この人が政治家として、どんなことを考えているのか聞いてみたい。そんな思いがふつふつと湧いてきた。

石破茂という政治家が描いている「こんな日本をつくりたい」というビジョンについて、僕は話してみたい――そう思ったのだ。

この本は、そんな僕と石破さんがお互いの考える「日本のこれから」について話し合った本だ。

行政改革、福祉、経済、教育、外交、軍事、地方自治……「ノンポリのオタク」なりに僕が考えたことを石破さんにぶつけてみた。そして石破さんは僕の問いかけに、全力で打ち返してきてくれた。

この本を読み終えると、たぶんそこには広大な地図が広がっているはずだ。

それは「こんな日本をつくりたい」という明確なビジョンに基づいた夢の地図だ。

もちろん、僕は石破氏のビジョンすべてに同意できるわけではないし、山ほど注文をつけたいところもある。

しかし、政治家が描いた地図が人に夢を見せることができるといういつの間にか忘れかけていたことを、石破茂という政治家は思い出させてくれた。そして今、僕はこの本が、ひとりひとりの夢の地図を描く、その手がかりになってくれればと思っている。

宇野常寛

二〇一二年八月一七日

高田馬場にて

目次

カバー写真撮影　田村昌裕
カバーCG製作　桑原大介
©Product/Geoscience Agency/Artbank
ブックデザイン　鈴木成一デザイン室

第二部 新しいこの国のかたち

1-1 夢の車、夢の日本――「若者が乗りたい車」をつくろう！

宇野　石破さんと初めてお会いしたのはＮＨＫの討論番組だったと思います。でも、正直言ってなんで僕があの番組に呼ばれたのか、いまだに分からないんです。僕は評論家と言ってもサブカルチャーの評論家で、基本的に政治に興味を持っていない。ＡＫＢ48の総選挙には毎年必ず投票しているんですが（笑）、地方自治体の選挙にはまず行かないし、国政選挙も何回かに一度しか投票していない。というよりも政治に何かを期待したことがないまま、三〇歳になってしまった。

同世代の論客や研究者と話していると、いつの間にか「政治だけが世の中を変える手段じゃない」「なんでもお上にお任せしていないで、自分たちで動くべきだ」という意見が主流になって、インディーズメディアや社会起業などを通じて日本を「下から」変えていこうという議論になっていることがものすごく多いんです。そして、僕自身も仲間とインディーズで立ち上げた雑誌がインターネットで話題になることで世に出てきた人間なので、そんな「下から」の社会変革のほうに圧倒的なリアリティを感じている。

政治を通じて世の中を変えるということを、少なくともこれまでの僕はあまり信じることなくここまでやってきてしまったんだと思うんです。

石破　……なるほど、それはよく分かります。

では少し、変わった角度からお話ししますね。

私は、「若者が車を欲しがらない」というのは、本当にそうなのかなと思っているんです。

もしかしたらお金がないだけで、お金があれば買うのではないか。若い人たちが金持ちになって、いろいろな消費をしてくれるようにすることが必要だと思います。お金がなければ消費しない。

そしてもう一つ、何より魅力的な商品がなければ買うわけがない。

たとえば、いわゆる「団塊の世代」はニューファミリーと呼ばれ、『ａｎ・ａｎ』、『ｎｏｎ－ｎｏ』を買い始めた世代なんです。だから、六〇代になってもおしゃれで若々しいんですね。車なら、フェアレディZなんかに乗って格好良く生きたいと思っている人が多い。だけど、たとえばデパートに行っても、「シニア向け」というとおばさんっぽいものしか売っていない。「私が欲しいものはこんなものじゃない」、つまりフィットする商品がないわけです。そのあたりは、もう少し売る側も考えてほしいですね。先日も、日産自動車の人が来て、「石破さんの世代には、こんな車はいかがでしょうか」と言うのですが、全然欲しくない。
　同じことが今の二〇代、三〇代にも言えるんじゃないか。

宇野　宇野さんは車を持っていますか？

石破　それが、免許すら持っていません。あまり自動車に興味が持てなくて……。

宇野　でも、もし宇野さんが「この車に乗りたい」と思えるような車に出合っていたら免許を取って車に乗っていたかもしれないし、今話した団塊世代のように「この車に乗ること」が格好良い生活の代名詞になっていたら乗っていたかもしれない。若者が車に乗らなくなったということが仮に本当だとして、その原因はもしかしたら今の二〇代、三〇代が乗ってみたいと思える車を自動車メーカーがつくれていないだけかもしれないと考えることが大切なんじゃないか。

宇野　なるほど……政治にも同じことが言える、ということですね。政治家や政党が、「こんな日本にしてほしい」と国民が思えるビジョンを示せていない。だから、政治を通じて世の中が良くなると思えない。

石破　日産自動車が座間工場に、体育館くらいある広い保管庫みたいなのをつくったんですよ。日産座間記念庫といって、日産の歴代の車、特に一九六〇年代から七〇年代の懐かしい名車がそろっている。一般には公開していないようなのですが、お願いして見せてもらいました。二時間しか時間がないところを三時間いて、「もう一回来たい」と言ってきました。そこには、一〇〇〇万円出してでも買いたい車があります。昔、家内と乗ったこの車にもう一回乗ってみたい。そういうことがあるわけです。今の車というのは、みんな同じようなかたちで、いろいろなスイッチがついていますが、多分、買い換えるまでに一回も使わないようなスイッチがすごく多いと思う。

私は要するに、自分たちが二〇代の頃にあこがれだった車が欲しいわけです。結局、実際に買ったのはブルーバードですが、家内と乗りたいと思った車は初代のサニークーペでした。当時の車は、それは魅力的で光り輝いていたと思います。「あの復刻版を出してほしい」と言うと、「技術的に難しいんです」と言われてしまう。だけど、これは、あながち昔は良かったというだけの懐古趣味ではないと思う。私には今の車は皆、同じに見えるんですよ。

宇野　それはつまり、最近の車がスペックの上昇と機能の充実を誇るだけで、「夢」を見せていないということですね。

自動車ってかつてはアメリカ的な生活様式や男の子の自己実現の象徴だったわけですよね。けれど、現代ではそんなイメージはほとんど通用しなくなっている。その上で、若者に自動車を売ろうとするのなら、新しい意味づけというか、「夢」を自動車に与えるしかない。

石破　それは、もう抽象的な数字の世界ではなくて、具体的な感覚の世界なのだと思います。今は政治の世界も行政の世界もそういうものが失われてしまって、テクニカルな話ばかりして、論争に勝ったとか負けたとか言っている。

宇野　長期的なビジョンがないまま、対症療法的なバランス調整だけを議論していても仕方がない。燃費がちょっと良くなったとか、エンジン音が静かになりました、とか。もちろん、こういう小さいことを馬鹿にしてはいけない。しかしそれだけではダメだ、と。

石破　よく言われることですが、政治屋は次の選挙を考える。政治家は次の時代を考える。これは我々にとって永遠のジレンマです。次の時代を語ったら次の選挙に落ちる。しかし、次の選挙のことだけ考えていたら、次の時代は、相当に悲惨なことになるわけです。

なぜ、こんなことになっているのかと思うけれど、実際に行われているテクニカルな議論と、必要とされている長期的なビジョンとの間にものすごくギャップがあるんです。

宇野　だとするとこの本の目指すべきゴールは、国民が、特に若い世代が欲しがる車――こんな日本に住んでみたいというビジョンを提示することになりますね。野望は高く持って、田中角栄さんの『日本列島改造論』とか小沢一郎さんの『日本改造計画』に匹敵するような内容を目指しましょう！

石破　すごいですね（笑）。でも、それくらいでないといけないのかもしれない。

宇野　やっぱり、理想は高く持たないとダメだと思います。蓮舫さんに怒られるかもしれませんが（笑）、僕は一位を目指さないと二位にもなれないと思うんですよ。

石破　よく分かりました。しかし、こればかりは若い人に聞いてみないとね。私一人で考えていても多分ダメでしょう。宇野さんもそうだし、この本を読んでくれる若い人たちと一緒に考えないと。

1-2「〜ではない」国から「〜である国」へ――三度目の「改造計画」

石破　私は農政と防衛を中心に、どちらかと言えば具体的な問題をどう解決していくかというところに力を置いて活動してきた政治家です。だから私には、今すぐここでぱっと若い人に向けて新しい日本の設計図を広げる、というのは難しい。それはむしろ、この本の中で考えていきたい。

だからまず、自分が今まで政治家としてどんなことを有権者に訴えてきたのかということから考えてみようと思います。

私がずっと主張してきたのは「『社会主義国家』ではない日本をつくりたい」ということなんです。マルクスとレーニンがあの世から世界を見て、「どこが一番社会主義国家として成功しただろう？」「間違いなく日本だ」と言ったという話がかつてありましたね。たしかに、日本は社会主義的な国家として非常に成功を収めた国家だったのだと思いいます。

その背景には冷戦構造下、日本の軍備はある程度存在していることに意義があり、世界のためにその軍備を用いることはほとんどないという状況、そして子どもたちが増え、高齢者は相対的に少ない、という社会構造があった。この二つの幸運に支えられながら国民は懸命に努力を重ね、貯蓄を増やした。その国富を使って日本が「社会主義国」として成功を収めた頂点の時期は、バブルの直前、昭和五〇年代だと思います。

宇野　本当は、その時からモデルを変えなければいけなかったのに、そのまま来てしまった。戦後の復興期から高度成長を経て少しずつ構築されてきた「戦後」的な社会のしくみが、あらゆる分野でガタがきてしまい時代の流れに対応できなくなってしまっているということですね。角栄さんの『日本列島改造論』は、そんな戦後的な社会建設の総仕上げを謳った本だったようにも思えます。けれど、単純に考えて冷戦下の日本というのは非常に特殊な状況下に置かれていたのは間違いない。だから当時は「社会主義」で良かったのかもしれないけれど、あの頃うまく回っていたしくみであればあるほど、二一世紀の現在では逆に目詰まりを起こしてしまっているケースが多々ある。それはよく分かります。

たとえば、保育園の数がまったく足りていないのは、いまだに戦後的な「正社員のお父さん」と「専業主婦のお母さん」の家庭が子どもを二、三人持つというケースを標準的な家庭として考えているからですよね。けれど、そんな「標準」が今の日本に通用しないことは明らかです。雇用形態も多様化しているし、女性が結婚後も働き続けるのも当たり前です。現状を考えると、せめて非正規雇用の夫婦が子どもを二人前後持てる社会を目指さないと立ち行かないと思うんですよ。このように、「戦後」基準でものを考える呪いは社会の隅々にまで行き届いてしまっているように思えますね。

石破　たとえば、コメが完全自給できるようになった時点（一九六七年）で、コメを政府が全量買い上げ、米価も政府が決定して、消費者に安定的に安価で提供する、という食糧管理制度の存在意義は達成されたのだから、当然見直しが図られなくてはならなかったのです。しかし、食管法がようやく廃止されたのは一九九五年。今でも高関税を張って外国のコメは事実上輸入禁止状態で、高齢化などで消費が減る中、生産調整として田んぼを潰し、カルテル的にコメの値段を維持している。この間に、日本農業はものすごく脆弱になってしまった。

社会保障の問題もそうです。医療も年金も介護も、その本質はあくまで「保険」であったはずです。病気になった、体が不自由になった、高齢になった、それなのに収入もないし資産もない、そういうリスクを回避できなかった時のためにあるのが、本来の保険の機能でしょう。

今は、そのリスクを回避できた人、つまり病気になったり、体が不自由になったり、高齢になったりしても生活が十分に成り立つほどの収入も資産もある、という人も保険の受益者となっている。

それが可能なのは、これらが保険料だけでまかなわれているのではなく、社会保障関係費として税金が投入されているからです。それで保険の性格が非常に曖昧になってしまっている。私が歯の治療に行くと、普通の治療で払うのは数百円からせいぜい数千円。保険のありがたさを感じるけれど、これで本当にいいのかな、とも思います。

自動車保険に入っているのだから思いっきり車をぶつける、などという人はいないのに、「医療保険に入っているからお医者さんにかからなければ損だ」とか、「年金の掛け金のもとを取らなければ」などとみんなが考え始めたら、保険など成り立たないに決まっているのです。

こういうことを言うと、いかにも自民党の議員が言いそうなことだ、弱者に対する思いやりがない、などと思われるかもしれませんが、私は自分でできる範囲のことでもイージーに公に頼ってしまう社会は、結局弱者に冷たく、強者に優しい社会になってしまうと思うのです。自民党が新しい綱領で掲げているように、あくまで基本は「個の自立」であり、「自助」が基本です。それを補うのが共同体の中で助け合う「共助」、それでもカバーできないものが税金を使う「公助」であって、その逆はあり得ない。なんでもかんでも「公助」では、やがて国家そのものが成り立たなくなってしまうと思っているわけです。

その上で、本当に必要な人に国のケアが届くようなしくみにつくり直さないといけない。福祉も農政も何もかも、この国はおかしなバランスになってしまっている。バブルの前の社会状況や国際状況を念頭においてつくられたしくみを、いまだに変化に応じて柔軟に改めていくことができずに、もう三〇年も放置してきてしまった。

宇野　僕が中学生の頃、小沢一郎さんが『日本改造計画』という本を書いてとても話題になったのを覚えています。あの本は間違いなくこの国の長期的なビジョンを指し示そうとした本だったと思うんです。今風のたとえで表現すると、田中角栄の『日本列島改造論』的なもので更新が止まっていた戦後日本のＯＳ（オペレーティングシステム）を、冷戦以降の新時代に適応させようという意図が貫徹されている。まさに、角栄さんがつくった日本が行き詰まってきている、通用しなくなっているのではないかという危機感が小沢さんにはあったと思う。

ただ今読み返して決定的にこれはまずいな、と思うところがある。二一世紀の今から見ると議論が古いとか、その後の小沢さんの変節を考えるとどうしたものかと思うとか、そういうつまらない突っ込みではもちろんなくて、もっと基本的な小沢一郎という政治家の持っている思考法そのものの限界のようなものを感じるんです。

それは当時小沢さんが繰り返していた「日本は〈普通の国〉になるべきだ」という語り口にとてもよく表れている。あの「普通の国」という言い方は、要するに「ダメ出し」の発想から出てくる言葉だと思うんです。社会の欠点を見つけてきて、それを直して「国際水準」の「正常」な状態にすること、マイナスをゼロにするという思考法にあの本は縛られているんじゃないでしょうか。「○○であるニッポン」というポジティブな発想ではなく「○○ではないニッポン」というネガティブな発想が根底にある。「～である」ではなく「～ではない」という語り口に、どこかで支配されているところがあるように思えるんです。


石破　小沢さんが「普通の国」と言った時に非常に違和感があったのは、普通の国ってどこにあるの？　ということなんです。

アメリカは普通の国ではない、極めて特異な、ユニークな国です。中国が普通の国ですか？　私にはそうは思えない。イギリスだってフランスだって普通の国ではありません。普通の国なんてどこにもない。それなのに、「普通の国になる」というのは一体なんなんだ。

どこかの国をモデルにしようとしても、どこにもモデルなんてないんですよ。たとえばスウェーデンやデンマークみたいな福祉国家を目指したい、という人がいますね。しかし、これらの国はもう高齢化のピークは過ぎています。今、日本の高齢化は、山にたとえれば二合目とか三合目で、本番はこれからですよ。私たちにはすでに、スウェーデンやデンマークみたいな高福祉・高負担の国をつくる選択肢はないんです。スウェーデンやデンマークも普通の国ではない。幸せの青い鳥を追いかけるがごとく「あんな国になりたい」というのは、もうやめたほうがいいと思います。

宇野　戦後的な、事実上の社会民主主義的な社会から、自由化を基本に日本社会をアップデートするという発想は、二〇年経った今でも議論され続けているテーマですよね。しかし、それだけでは今や「何も言っていない」に等しいんじゃないかと思うんです。松井秀喜の魅力は何かと論じて、それはバッティングだと結論しているようなものですよね。間違ってはいないのかもしれないけれど、ほとんど何も言っていないに等しい。ありもしない「普通の国」を仮定して、「日本はもっとちゃんとすればいい」という発想では、新しい社会を構想することには結びつかないと思うんです。明治以来の脱亜入欧的な発想がもたらす思考停止のバリエーションでしかないと思う。そうではなく、日本固有の社会状況や国民性を考慮した「〇〇であるニッポン」のビジョンが必要だと思うんです。僕は文化批評の人間なのでどうしてもこういう切り口で考えてしまうところがあるんですが、政治家の

石破　「語り口」として、小泉さんはやはり、小沢さんに比べれば具体的な「○○である」というビジョンを持っていたと思うんです。それでも、あの小泉純一郎でさえ、この落とし穴から完全に逃れられていたとは言い難い。選挙に勝つためとはいえ「自民党をぶっ壊す」というキャッチフレーズに頼らざるを得なかったわけですからね。しかしそれは当時の日本の気分にも合致していたし、必要な手続きではあったと思います。だから、あと五年、一〇年、小泉政権が続いていれば「○○であるニッポン」ということをもっと具体的に論じられる政治が行われていたかもしれないと僕は思うんです。けれど、小泉さんは「ぶっ壊した」ところで力尽きてしまった。

宇野　もっと長くやるべきだったんでしょうね。

だから、今の若い有権者が求めているものは「○○であるニッポン」、こういう日本にしたいという具体的なビジョンだと思うんです。今、日本社会で支持を集めている言説は、このままではいけない、○○ではないと否定形ばかりなんです。そんな思考のパターンが、マスメディアのあり方とも結託してこの二〇年ですっかり定着してしまった。その結果、ひたすら総理大臣にダメ出しすると何か政治について語ったような気になるという、今の言論空間がつくられてしまったように僕には思えるんです。

ただ、こういうことに飽き飽きしている層というのが、これは僕の肌感覚ですけど、インターネットを中心に、今の二〜三〇代に広がっている。やはり彼らは、すごく知識的にもどん欲だし、いい加減に突っ込んでいるだけではなくて、こういうビジョンにしたい、そこに向かって必要な政策というのは何かというのを具体的に聞きたがっていると思うんです。ですから、今日は思い切って、石破さんに、これから日本をこうしたいんだというビジョンを、ぜひお聞きしたいと思います。

1-3 それは「甘い夢」である必要はない――国民に「嘘をつかない」政治へ

石破　「○○であるニッポン」という夢を語ることが大切だというお話ですが、私は今の有権者、特に若い人が求めているのは、決して「甘い夢」ではないのではないかと思っています。

そもそも、日本の政治家は国民に対して正面から真実を語ってきたのでしょうか。むしろそれを語ることをできるだけ避けて、「甘い夢」ばかりを語ってきたのではなかったか、という反省が私にはあるんです。

けれどそれらの多くは、あくまで「こうだったらいいな」という夢にしか過ぎなかったのではなかったか。有権者の多くは、「もう甘い夢はいいから、本当のことを言ってくれ、国民を騙すことだけはしないでくれ」と思っているのではないのでしょうか。

宇野　僕が選挙に行って投票をする気にあまりなれないのは、申し訳ないけれど自民党も民主党も、自分たちでも信じていないような甘言を言っているように思えてならないからなんです。
　選挙のたびにどちらの党も「我が党のほうが〈良かった頃の日本〉に戻すことができますよ」と、バラマキ政策の並んだマニフェストを掲げているように見えるんです。そして晴れて与党になったほうは当然その甘い夢を実現することはできないし、野党はその揚げ足を取って批判し続ける。そして政権は安定せずに次々と総理の首がすげ替わって、また次の選挙がやってくる……この繰り返しがどんどん政治への信頼を低下させているように思うんです。

石破　これは国民に媚びていいるようでいて、実はとても国民を馬鹿にした態度だと思います。そして、そんな政治に失望している国民は、とても多いはずです。
一九九〇年（平成二年）、私が二回目に当選した選挙では、消費税の是非が最大の争点でした。当時の社会党など野党はもちろん「消費税絶対反対」を掲げて選挙に臨んだのですが、自民党でも声高に「消費税は絶対に必要」と訴えた候補者はあまりいませんでした。しかし私は、これからの日本には消費税的な間接税の導入が絶対に必要だと考え、選挙中もその必要性を訴え続けました。「そんなことを言っていたら落選する」と周囲には言われましたが、嘘を言ってまで代議士をやるのは嫌だから、消費税賛成と言って落ちたならそれはそれでしょうがないと腹をくくりました。そうしたら、一回目の時は最下位当選だった私が、トップ当選したのです。

自分の政治行動の原点は、ここだと思っています。「本当のことを言えば分かってくれる」。当選するために媚びて嘘を言っても、それは詐欺に等しい。全員に分かってもらえなくても、きちんと話せば分かってくれる人は必ずいる。私は選挙区内の有権者に恵まれているのかもしれませんが、そう確信したわけです。

集団的自衛権についても同じです。私は集団的自衛権を行使できるようにすべきだと言い続けています。そうしない限り、いつまでもアメリカは条約上の権利として在日米軍を置き続け、日本は条約上の義務としてこれを受け入れなければならない。本来、同盟は「お互いに守り合う」べきなのに、「日本はアメリカを守れない」から、代わりに義務として国内に米軍を受け入れているわけです。冷戦も終わり、アメリカの経済状況も思わしくない中、アメリカの世界戦略も変わりました。それに合わせて、米軍も再編しないといけない。当然、日米同盟もそれに合わせて変わらなければいけない。しかし自民党という政党はこの本質的な問題から逃げ続けてきたところがある。

私は農政が長いですから、先日も「TPP（環太平洋パートナーシップ）反対！」という農協の幹部の方々と話をする機会があって、こう言ったんです。「今から二五年前、議員になりたてだった頃に、私は皆と同じように『コメは一粒たりとも輸入しない』『生産調整はこれ以上強化しない』『食管制度は命に代えても守る』と言ったけど、みんな嘘だった」と。「その場その場で調子のいいこと、ウケることを言って、何も実現できず、結局日本農業は農地面積も、後継者数も、生産額も、農業所得も下がり続けて、今日の危機的な状況になってしまった。今までの農政がすべて正しかったら、こんなことになるはずがないのであって、何が間違っていたのか、どう変えていけば良いのかを、考えていかなくてはならない。今、一緒になって『TPP断固反対！』と言えば喜んでもらえることは分かっているけれど、それだけで責任を果たしたことになるとは思わないんです。渡辺美智雄先生がよく言っておられた『勇気と真心をもって真実を語る』、そういう農政にしたいんです」と言ったら、みんな複雑な表情になってしまいました（笑）。

こんなふうに、私は消費税は上げる、集団的自衛権は行使可能にすると訴えて、選挙をやってきました。TPPにしても、後から不利なルールを甘受せざるを得ないというような事態は避けなくてはなりません。

しかし私個人はそう語ってきたとしても、自民党全体としてはどうだったかというと、必ずしもきちんと語ってこなかったのではないか。当選一期、二期の若手ならともかく、八期二五年も議員をやってきた者として、このことにはすごく自責の念があります。

だからまず、今まで甘い夢を語ってきたことを反省し、国民に詫びることから始めなくてはいけません。民主党がその夢をさらにエスカレートさせて国民を騙したことは愚かの極みですが、財政危機の素地には間違いなく自民党も責任があるのです。

原発事故が発生して以降の民主党政権の対応はたしかにひどいものでしたが、原発を国策として推進しながら、いつしか安全神話の中にどっぷりと浸かってしまって、国の負うべき責任や果たすべき危機管理対策を怠ってきたのも自民党なんです。

ただ、こんなことを語ってもどうせ国民には分かってもらえないし、むしろ嫌われるだけだ、という状況判断があるのも事実で、行き着くところまで行かなくてはダメなのかもしれない、というなんだか投げやりな気持ちになりそうなこともあるんですね。

宇野　宇野さんは「一回、この国はダメになったほうが良い」と思ったことはありますか？

不謹慎かもしれませんけれど震災の時に、これで何もかもが「ガラガラ、ポン」と変わってくれるんじゃないか、と期待していたところはあります。けれど政治もそうだし、僕が仕事をしているマスメディアの世界も、そうはならなかった。多分この国は同じようなことを繰り返してきているんだと思うんです。

僕が中学生の頃にバブル経済の崩壊があったのですけど、当時の僕らや周りの大人たちの間では、もう何年か黙って我慢していたら景気が回復して、元通りの世の中になるんじゃないかという空気が主流だったように思います。

実際にこの国のしくみを根本からつくり直さなければならないという意識が、一部の政治通やインテリたちの間ではなくて国民のレベルで共有されたのは、「痛みを伴う改革」を明言した小泉政権の一時期くらいだったように思えます。それも、「自民党をぶっ壊す」というキャッチフレーズや、「どこかに甘い汁を吸っている奴らがいて、彼らを許せない」といった既得権益批判で溜飲を下げる文脈が独り歩きして、改革後の日本のビジョンがきちんと議論されていたかどうかは甚だ怪しい。

そんな気分が一瞬盛り上がったところで小泉さんは息切れして、改革は中途半端なものに終わったように思えます。そして、気がつけば上の世代は逃げ切りを考えて、下の世代は危機感は強いけれど、どうしていいか分からずにいじけている。そんな社会になってしまった。

けれど、本当にこの「失われた二〇年」で論じられなければならなかったのは、現実を直視した上で、あちこちにガタの来てしまった日本をどう立て直すのかという議論だったと思うんです。「戦後の良かった頃に戻すことができる」という甘い夢ではなくて、どうすれば次の五〇年の日本を運営できるのかという議論が必要だったはずです。

石破　しかしその一方で『ALWAYS 三丁目の夕日』のような映画がヒットするのは、やはり、そのノスタルジーを多くの人が持っているからですよね。「明日は良い日本になる」「明日は今よりいい暮らしが待っている」、我々は、そう信じることができた時代へのノスタルジー、過去の成功体験とは決別しないといけないのでしょうか。

宇野　『ALWAYS 三丁目の夕日』がヒットするのは、多分未来に希望が持てないからでしょうね、逆に。昭和三〇年代、四〇年代のあの頃の人たちは、科学がつくる明るい未来も信じていたし、『鉄腕アトム』や『ウルトラマン』を観て喜んでいたわけですよね。

石破　そういう意味では、あの時に描かれた世界はほとんど実現していると思いませんか？　テレビ電話が本当にできるとは思わなかったけど、今はSkypeなんか普通ですよね。腕時計型電話にしても、今は逆に、そんなの小さくて使いにくいというので、ちょうど良い大きさになっているわけです。あの頃の夢ってけっこう実現している。実現していないのは多分、エアカーだけです（笑）。

宇野　それこそ、次の時代のエアカーを見せることが必要なんだと思います。まだ実現できていないけれど、「あったらいいな」「できたらいいな」と思えるビジョンですね。

石破　おっしゃる通り、『ALWAYS 三丁目の夕日』のような映画がヒットするのは未来が見えないからなのでしょう。古き良き時代を懐かしむ。興行的には、そこが良かったのでしょうが。

宇野　だからこそ『ALWAYS 三丁目の夕日』に対抗できる魅力的な車、かつてのエアカーのようなものを提案することが絶対に必要なんです。そしてその車が見せる夢は「甘い夢」ではなくても構わない。ただし、その車の行き先は過去じゃなくて、未来に向かっている必要があるということですね。

石破　そう、私は今必要なのは、この現実を受け止めた上で日本国がどうしたら持続可能性、サスティナビリティを維持することができるか、という視点だと思う。それは財政も、社会保障も、農業も農村も、国家安全保障も同じです。「失われた二〇年」で日本が決定的に失ってしまったものはこのサスティナビリティではないか、そしてこれを取り戻すのは、容易なことではないと思います。

ですから、宇野さんのおっしゃる、「〇〇であるニッポン」ということでいうと、まずは「持続可能なニッポン」をつくりたい、ということだと思います。

エネルギーにしても安全保障にしても財政にしても農業にしても、この国は本当に大丈夫なんだろうか。一〇年、二〇年先までもたないのではないか。そういう不安が、「漠然」というレベルを超えて、多くの国民の肌感覚となってきているのではないかと思います。それに対して、民主党も自民党も答えを用意していない。それが一番の問題だと思っています。

1-4 持続可能な国家のために――若者を「金持ち」にしよう！

宇野　今、持続可能性、サスティナビリティというキーワードが出たわけですけれど、ずばり石破さんの考えるサスティナビリティの回復で、一番重要なことってなんでしょうか？

石破　私がずっと考えているのは、一言で言うと「若者を金持ちにすること」です。

突飛な発言に聞こえるかもしれませんが、これが大事です。

若者が未来に希望を持てない国をつくってしまっては、サスティナビリティも何もあったものじゃないんです。だから私はここを出発点におきたい。

この国ではどんどん若い人の数が減るのに、高齢者の数は増えていきます。よく、年金の議論で、「これまで四人の若者で一人の高齢者を養っていたのが、やがて二人で一人を養わなくてはならなくなり、そのうち一・八人で一人を養わなければならなくなる。これでは国は潰れる」ということを言う人がいますが、そうではないんです。「働いている人」

図1　支える人と支えられる人の割合

＊「『少子高齢化』への対策」より引用（読売新聞 2012年4月25日朝刊）

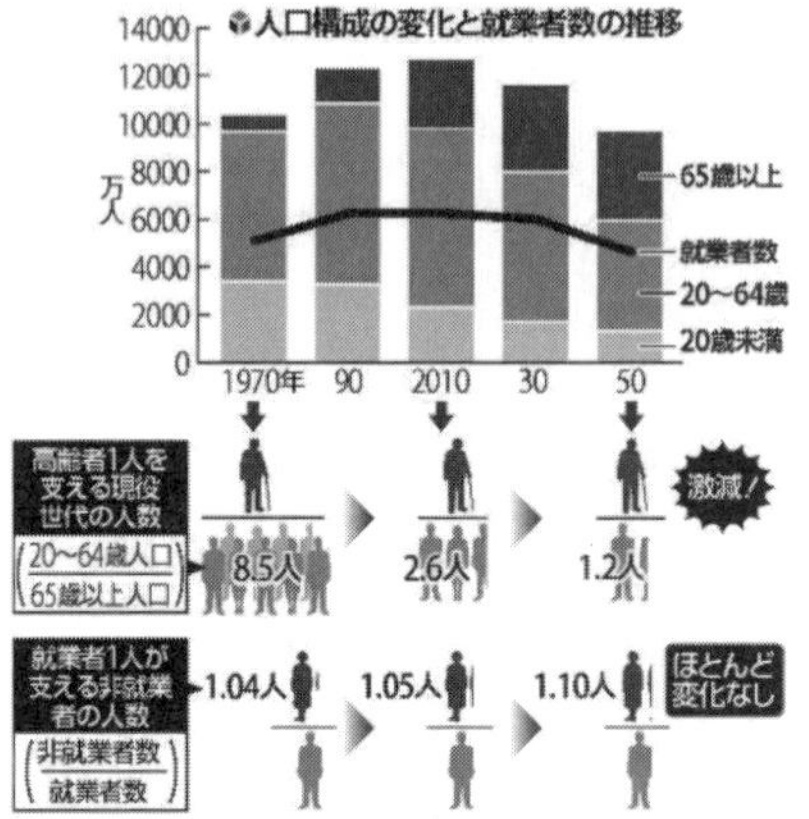

※人口は国立社会保障・人口問題研究所資料より。2010年まで実績値、その後は推計値。就業者数・就業率は労働力調査（実績値）、2030年は労働政策研究・研修機構の推計値、2050年は2030年推計値を基に権丈教授試算

が「働かなくなった高齢者」を支えるのがホントのところですから、実際は支える側と支えられる側の割合は一人で一・〇五人と、一九七〇年代からそう変わっていない。ただ、医療と介護は別です。

問題は、「働いている人」がどれだけ稼げるか、というところにあると思うんです。支える側を金持ちにするという選択肢を考えるべきではないか、ということですよ。若者を豊かにすることで、お年寄りの安心も確保するという考え方です。私は今五五歳ですが、私より上の世代の方々は、現行のシステムのままでもそれなりの老後を送れるんじゃないかと思っておられる世代だと思います。我々が、おそらく最初に持続可能性の危機を目にする世代なのではないか。

だから、私たちは上の世代の気持ちも、バカバカしくてやっていられないと思っている下の世代の気持ちも、両方分かるわけです。我々四〇代、五〇代の人間というのは、その間をつなぐ責任を負っているんだと思っています。

宇野　たしかに、僕たちの世代はいつの間にか「引き算」で思考しているように思えるんです。「何をやりたいか」ではなく「何をやらないか」で思考している。僕が高校生の頃、つまり一九九〇年代中頃に田舎の進学校にはすでに「この先に日本はどうなるか分からないから、とりあえず安定した職業に就こう」という空気があったんですよね。とりあえず地元で役人をやるのが無難で賢い選択なんじゃないかという話を高校生がしているわけです。実は、僕もかなり長い間そう思っていた。

もちろん田舎で公務員をやることが夢のない仕事だと僕は思わない。けれど、ここで語られている「田舎で役人をやること」は明らかに消去法で選ばれた生存戦略なんですよ。ガラスの靴を最初から砕かれていることへの諦めがぼんやりと共有されているんです。

僕は誰もが野心をギラギラさせて、一生懸命がんばって自己実現する世の中なんて逆にあり得ないと思うけれど、本当はがんばって生きたい若者の気持ちをあらかじめくじいてしまうような空気が、この国にはもう何十年も漂っているように思えるんです。

石破　身も蓋もない話をすると、この国の福祉施策はたしかに高齢者に手厚く、結果的に子育て

図2　年齢別家計総資産額の国際比較

（総務省統計局「2011年 全国消費実態調査」）（FRB"Survey of Consumer Finances 2010"）（The Bank of Italy"Survey on household Income and Wealth 2010"）

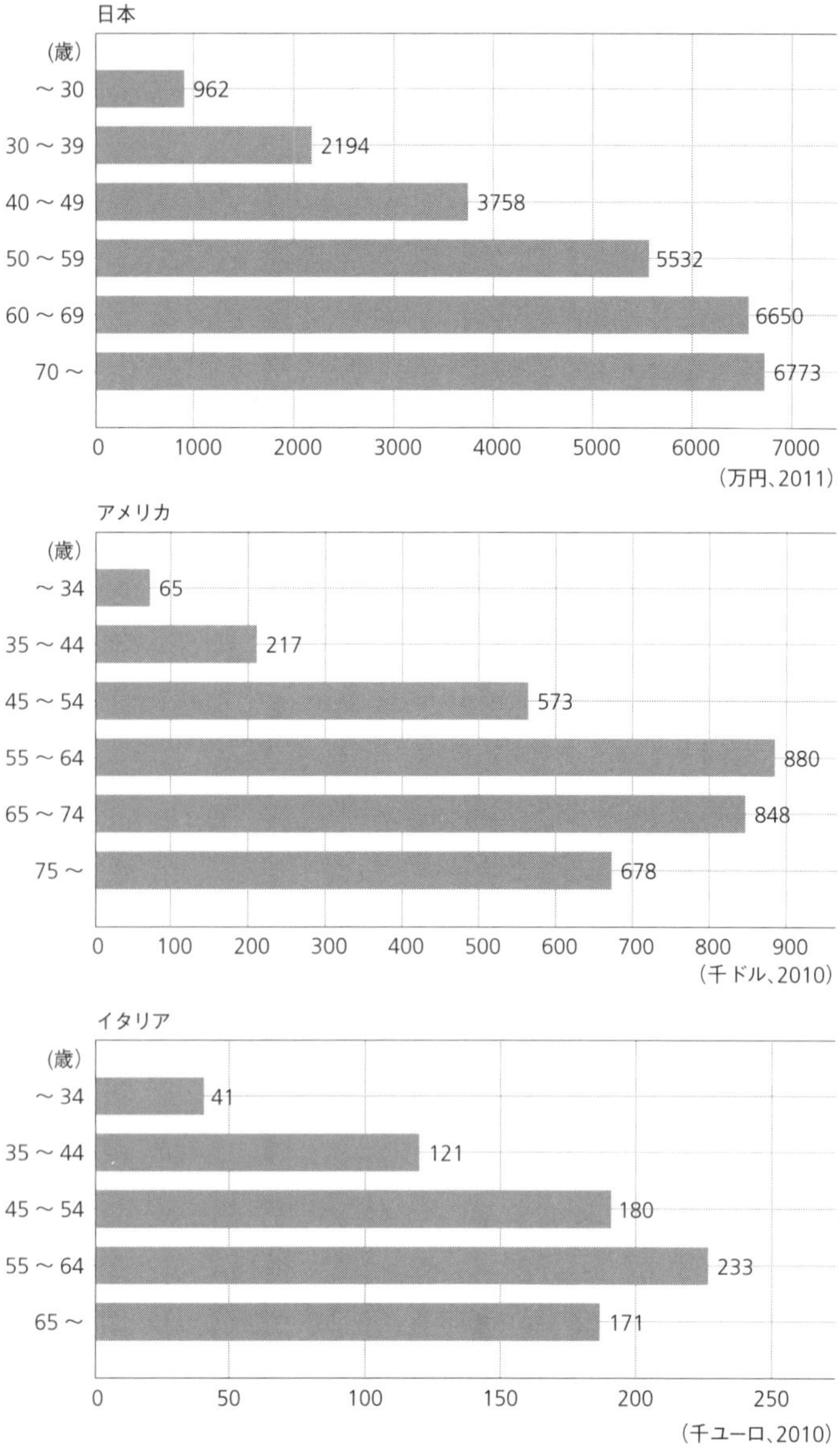

世代を冷淡に扱ってきたわけです。今の日本の社会は、所得再分配が機能しておらず、逆に格差が広がるようになってしまっている。たとえば、お金持ちの人に払った年金は、使われることなく貯金に回り、何千万円か何百万円かがそのまま子どもに相続される。でも、二〇一一年に遺産を相続した人の中で、相続税の対象になったのは全体の四・一パーセントにすぎません。九五パーセント以上の人たちは相続税を支払っていない。私は、相続で金持ちになるのはフェアではないと思います。それこそ格差の再生産になってしまいます。総務省などの資料を見ると、アメリカでもヨーロッパでも、多くの高齢者が退職した時に一番資産を持っていて、亡くなるまでにそれを使ってしまうのに対し、日本の高齢者はほとんどの資産を消費に回していません。

宇野　「引き算の思考」が染み付いているんですよね。これはものすごく嫌な話ですけど、僕らくらいの世代だと親の遺産をどれだけ相続できるかで生涯年収が大きく左右されてしまう。今、努力して成功することよりも、一人っ子か三人きょうだいかのほうが生活レベルを強く規定してしまうケースも少なくないと思うんです。その結果、今あるパイをどう切り分けるかという思考がこの一〇年、二〇年で染み付いてしまっているんです。

石破　このままだと、この国は終わりだ。

宇野　普通に考えたら終わりですよね（笑）。

しかも、そんな社会はもう変えられないんだという諦めが二重に重なっていると思うんですよね。実際、一〇代の頃、僕もそう思っていた。政治を通じて世の中を変えていけるという信頼がないんですよね。僕が中学生の頃に政権交代があって細川護熙政権が生まれたけれど、結局何も変わらなかった。いや何も変わらなかったように見えてしまった。

石破　日本は国民主権の民主主義国なのだから、社会を投票行動で変えることができるんです。投票に行かないで、社会が変わらないことを嘆いても仕方がありません。全体的な傾向として、高齢者は多く投票に行くし、若い人たちはあまり行かないから、高齢者に手厚い政策というのは、ニーズに応えるという意味では合理性のある選択だったわけです。しかし、それが国全体の活力を削ぐのであれば、選挙に有利だという理屈を捨てて、若い世代や子育て世代への所得再分配機能を強化しなければならない。

まずは、そもそも社会福祉が持っていた「保険」としての原点に戻ること。つまり、収入や資産のある人に対する年金や介護や福祉まで一律にするのではなく、社会通念上相応の額にする、福祉の選択としてはそういう話です。そうして浮かせたお金を、本当に困っている方々に重点的に配分し、その上で若い世代に回す。国家財政ができることはそういうことです。

宇野　世代間対立の問題は本当に頭が痛いんですよね。僕たちが同世代で話していても、あまり建設的な議論には結びついていかなくなるのはいつもここなんです。日本は高齢社会なので、いくら具体的な対応策を考えても民主主義の原則にのっとる限り、当然少数派である若い世代に不利な社会になっていく。だから選挙による政治参加に捉われない社会変革が重要だという方向に必ず議論が流れる。僕もそのこと自体にはまったく異論がない。実際、そのほうがワクワクする建設的な議論ができるのも間違いない。けれど、ここに落とし穴があるようにも思えるんです。いつの間にか、政治を通じて日本の枠組みそのものをアップデートする回路を諦めてしまっている。

石破　だから、「世代間対立」にしてしまってはいけないんでしょう。若い人たちも、勝手に諦めないで、きちんと選挙に行ってくれて、社会福祉のバランスを取ることを主張している候補者を選び、「俺たち若者が豊かになることによって、あなたたち年長者を支えられるようにする」と言えるようになるといいなと思っているわけです。まずは再分配機能を活性化して困っている人に重点配分できるようにし、そして前提として、何らかのかたちで経済成長していくこと。これがないと持続可能性を維持できない。

宇野　なるほど、しくみを更新して社会のバランスを再調整することと、パイそのものを増やして「引き算の思考」から脱却すること、この二本柱をいかに両立していくかが課題だということですね。

これはとても大事なことだと思います。たとえば、現役世代の保険料で現在の高齢者の年金をまかなう賦課方式を採用した年金制度は、人口増加を前提に組み立ててしまったために破綻したという見方があります。この問題は、サスティナビリティというものを考えた時、とても大切なことを教えてくれているような気がするんです。たしかに人口が減少しなければ、少なくともこのようなかたちで年金制度は破綻しなかったかもしれない。本当の問題は少子化のほうじゃないか、という意見もある。子どもが欲しくても持てない、もしくはこんな国にはもう住みたくないと国民が出て行ってしまうという問題が放置されてしまうと、年金どころか社会そのものが成り立たなくなってしまう。これは絶対になんとかしなければいけない。だから、年金制度は人口増加を前提に「しない」制度にした上で、人口減少そのものも当然ケアしていかないといけない。

同じことが、経済成長をめぐる問題にも言えるように思えるんです。経済成長を前提にしすぎた社会のしくみにしてしまうと、不況のたびに何もかもにガタが来てしまう。しかし経済成長自体を否定してしまっては元も子もない。

構造改革と成長戦略の二本柱をある程度切り離しながらどう両立させていくのか。これがこれからの日本のサスティナビリティを考える上で大切なんだということですね。

石破　そういうことだと思います。ただ、一つ申し上げておくと、年金は現行制度でも破綻はしてませんし、これからも破綻しません（笑）。
とても誤解が多いし、野田総理自身が本会議で「多くの現役世代で一人の高齢者を支えていた胴上げ型の人口構成は、今や三人で一人を支える騎馬戦型となり、いずれ、一人が一人を支える肩車型に確実に変化していきます」と言ってしまいましたから、さらに「じゃあ、もう賦課方式ではもたないのではないか」と思われていると思うんです。けれど、先ほど述べたように、実際に支える・支えられるという関係に立っているのは「働いている人・働いていない人」であって、その割合は一九七〇年代から変わっていない。しかも、これも先ほどちょっと触れましたが、年金も原点は「保険」であって、「保険料」が基本ですから、「払わない人はもらえない」のです。この、実は簡単な前提をちゃんと踏まえていただければ、賦課方式でも制度破綻はしないということが分かっていただけると思います。もちろん、もらえる額に影響は当然出ます。だから、保険料でまかないきれない「国庫負担」、つまり税金から出してくる分を、今までの三分の一から二分の一に引き上げましょう、ということが決められていて、これが年金制度のサスティナビリティにつながるのです。

宇野　なるほど、僕とは考えに少し距離があるようですが、石破さんの年金についてのお立場は分かりました。

1-5 新しい日本への「三つの柱」〈自由化〉〈開国〉〈国民主権の再設定〉

宇野　では、構造改革と成長戦略の両立のためには具体的に何が必要なんでしょうか。

石破　これもちょっと変な言い方になってしまうかもしれませんが、まず大事なのは「国は余計なことをするな」ということです。つまり、規制緩和を中心とした自由化ですね。何をつくるかを政府が決めるべきではない。過度な介入は、結果として経済を疲弊させます。政府は規制緩和、税制改革、公正な貿易ルールづくりなど、環境整備に徹すべきです。

戦後しばらくは、どの地域も荒廃していたのですから、「国土の均衡ある発展」の名のもとに、どこにも同じような資源が配分され、インフラが整備されていきました。しかし、高度成長が終わり、国家財政が苦しくなり、新興国が力をつけてくるようになると、「分散の論理」から「選択と集中の論理」へと移行しないと、国力そのものが衰退してしまうのです。阪神・淡路大震災後、被災した神戸港は、単なる早期復旧を目指すのではなく、集中して資金を投入し、世界最先端の機能を持った港湾につくり替えるべきだったのに、そうしなかった。日本のあちこちの港を整備している間に、高度な機能を持った港湾を整備した釜山やシンガポールに抜かれ、今や大きく水をあけられてしまっています。「分散の論理」が敗北した典型です。

もちろん選択と集中によって、差は生じます。だからこそ、最低限のセーフティネットの整備を行わなくてはならない。これはたとえば生活保護や、年金制度改革、そして私はあまり賛成しないけれどベーシック・インカムの導入の是非などの福祉改革の議論でも同じことです。

宇野　自由と安定のバランスをどう取っていくのかという問題は、僕が子どもの頃からずっと議論されてきた問題だと思うんですね。もちろん、戦後的な安定重視の社会民主主義路線はもう限界が来ている。だから自由と安定では自由側にある程度メモリを移動させたバランスで社会をつくっていくしかない。その時、セーフティネットをこれまでとは違うかたちでどう張っていくのかという問題が大きく浮上してくるということですね。具体的には世代間格差を排した上で、一元化したシンプルな社会保障を考える。

石破　おっしゃる通り、この二つはセットで考えないといけない。

ただ、ここで問題なのはこれまでの負債をどう解消していくかということです。最終的には中負担中福祉のモデルをつくるべきだと私は考えていますが、その過程では一度、高負担中福祉、あるいは中負担低福祉というモデルを経ないと、今までの負債は精算できないかもしれない。怖くて誰も言えないけど、もしかしたら、本当はそうではないでしょうか。

宇野　しかしそれをはっきり言うことから逃げ回ってずるずる来た結果、この国はこうなってしまったんですよね？

　僕は痛みを伴う現実を国民が受け入れる素地はできていると思うんですよ。皮肉な話ですけれど、震災が起こったことで危機感の共有がものすごく進んだと思います。ただ、それだけだとやはり足りない。きちんと賭けてもいいと思える未来のビジョンを示すことができないと「引き算の思考」からは脱却できないように思えるんです。だからここで描かれるビジョンには、パイを増やしていくための具体的なビジョンが含まれていないといけない。

石破　パイを増やしていく、という考え方の大きな鍵は、やはり国際的にどう打って出るか、ということにあると思っています。私は防衛と並んで農政もメインの仕事に据えてきました。政務次官、副大臣、大臣などをやってきた経験から言うのですが、日本農業はもっと国際市場に打って出るべきです。

TPPをめぐる議論にしても、自民党の立場は「聖域なき関税撤廃に反対」というものですが、それとは別に、世界最高品質の農産物をいかに世界に売り、それによっていかに農地を有効に活用して農業所得を増やすか、という議論はもっと積極的に行われるべきです。「関税は即座にすべて撤廃、例外は一切認めない」などという暴論には断固立ち向かわねばなりませんが、農政はそれだけを語ればよいわけではなく、農政のメインの仕事が生産調整というのではあまりにもったいない。国際的に打って出るという話は、また別の話なのです。

農業は気温と水と土と日照が基本的な要素であり、温暖で、世界平均をはるかに上回る降水量が一年を通してまんべんなくあり、土壌が豊かで、豊富な日照量のある日本は、世界で一番農業に適した国の一つです。にもかかわらず、農地も、後継者も、生産額も減少の一途というのは、やはり今までの政策のどこかに誤りがあったと言う他はありません。

農産物貿易は、工業製品や資源とは異なる面を持っていますから、どこの国でも保護を行っていますが、その財源をどこに求めるか、という議論をもっと徹底して行うことが必要です。高関税を張り海外からの輸入を制限することで、日本の消費者に割高な国産品を買ってもらうことで負担するのか、輸入を自由化し、納税者の負担つまり財政によって農業従事者への直接所得補償をするというかたちでまかなうのか、と言えば、これからは後者

図3　農産物の生産額の推移（農林水産省「平成22年生産農業所得統計」）

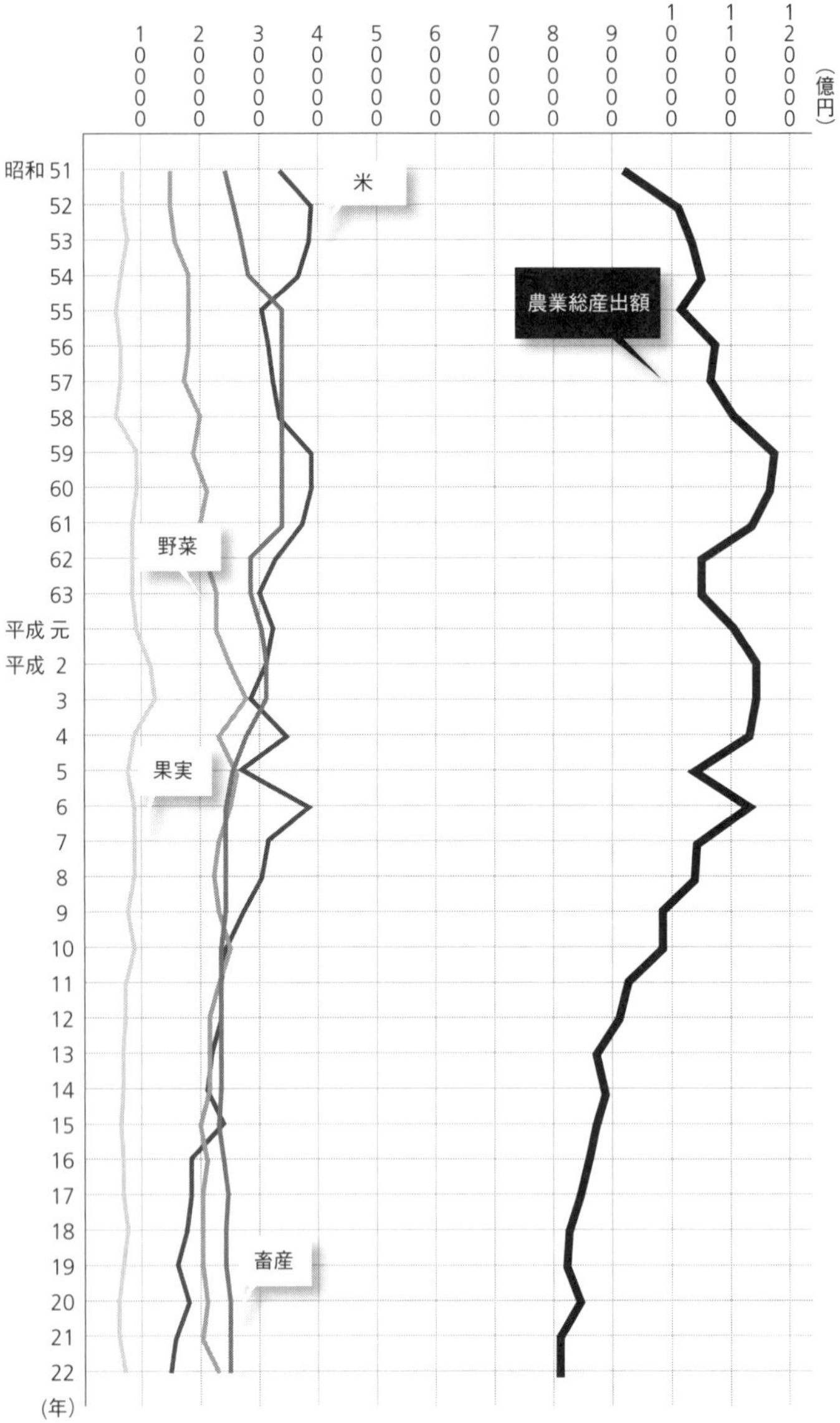

によるべきでしょう。そして、農業集落や農村の維持は、社会政策として行われるべきだと思います。

まさに宇野さんの言う引き算の思考、パイをどう分け合うのかという思考にとどまるか、それともパイ自体を大きくするか、という大きな違いでもある。だからTPPに参加するかどうかにかかわらず、農政は早急に大きく変えていかなければならない。その鍵が、国際市場にあるのではないでしょうか。

宇野　「引き算の思考」から脱却するためには国内の自由化を促進するだけじゃなくて、「外」に向けての自由化、つまり「開国」が重要だということですね。もはや日本の「中」にあるリソースだけで社会を再建することはできない。だとすれば「外」のリソースを活用するしかない。明確ですね。

考えてみれば、戦後体制は冷戦時代の国際社会のパワーバランスをうまく利用して、この保護貿易的な態度が象徴するように、半ば「鎖国」することで特殊な社会構造をつくりあげて経済成長を実現したシステムだと言えるのかもしれない。そしてかつては最適解だったかもしれない鎖国政策が今、大きく足を引っ張っている。だとすると、冷戦時代からグローバル化の時代に移り変わった以上、いかに「開国」していくのかが論点になるはずですね。

図4　G20参加国の単純平均・農産品 MFN関税率（実行最恵国税率）
（World Tariff Profiles 2010（WTO、UNCTAD、ITC））

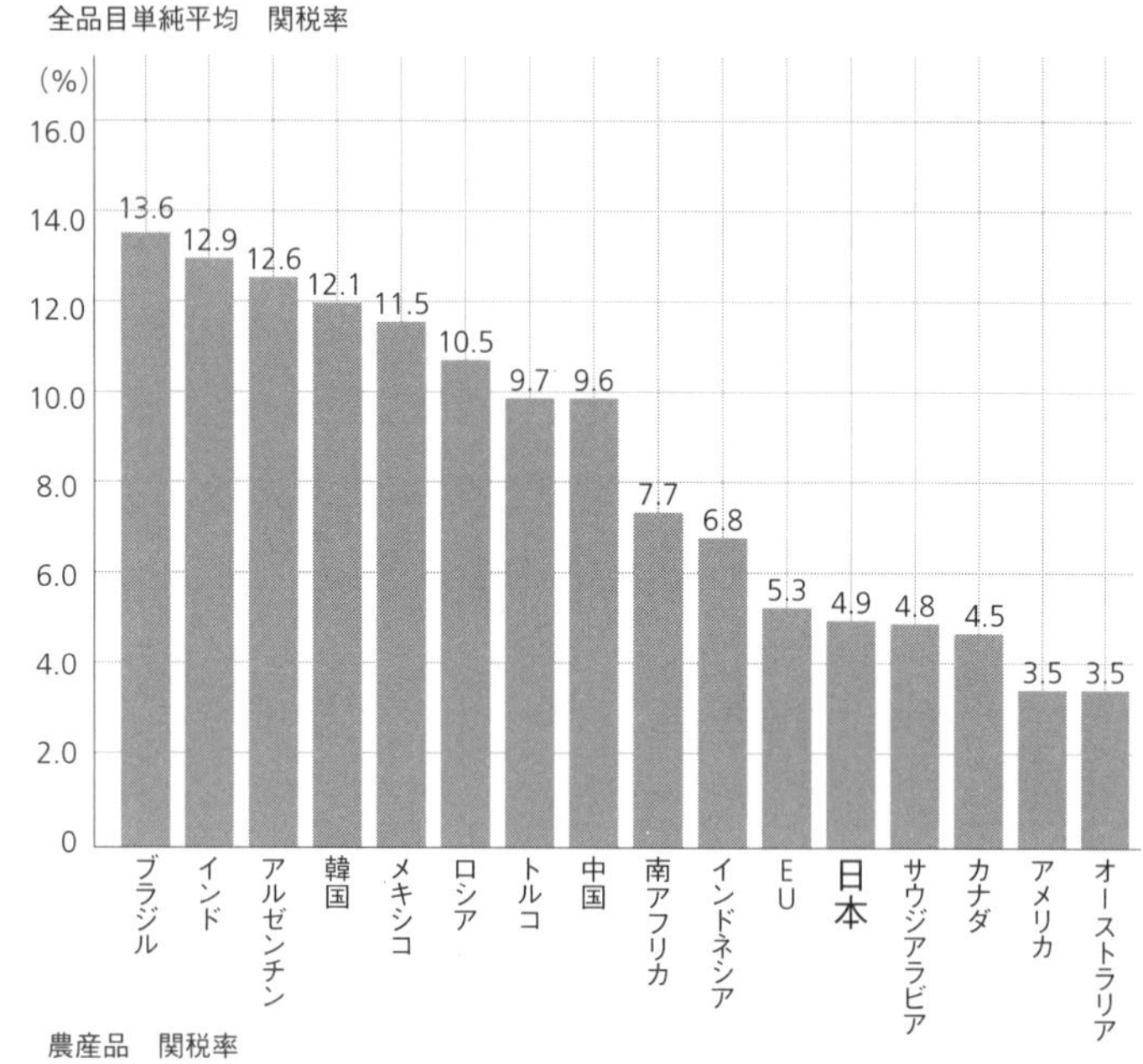

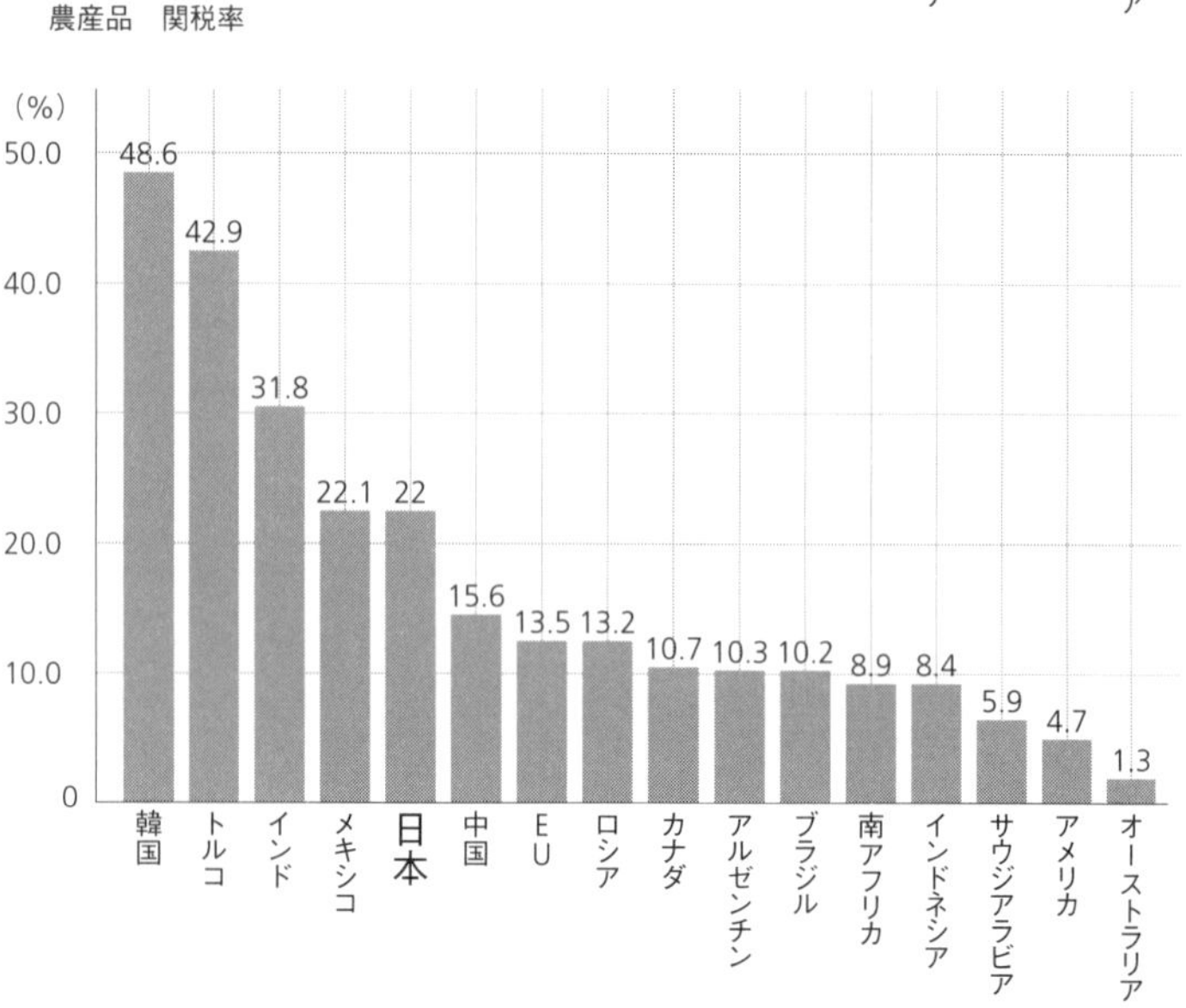

石破　その通りです。そして同じことが農政に限らずあらゆる分野に言えるのではないか。たとえば我が国に必要な人材の確保を考える時も、その賛否はともかく外国人の受け入れを視野に入れなければならなくなることは明白です。すでに、地方都市にはたくさんの外国人労働者がいて、地域に大きな影響を与えているところがたくさんある。この現実を直視して、どのような外国人が我が国にとって必要な存在なのか、そのような人材と日本人とはどのように共存するのか、を考えなければならない。しかしこの問題についても議論が十分になされているとは思えない。

宇野　歴史が教える通り、一度開かれたものがもとに戻ることは長期的にはあり得ない。否応なく日本は開かれていくという前提でどう対応するかを考えるべきですよね。

石破　冷戦はもう二〇年も前に終わっているのですが、日本はこれからの国際秩序の中でどう振る舞っていくのかということをどの分野でもしっかり考えてこなかったんです。そしてこの問題が一番顕著に現れている分野の一つが安全保障ではないか。

　これはもう自分でもうんざりするくらい繰り返してきたことなんですが、戦後の社会は安全保障について「考えないで済む」時代だったんです。アメリカの核の傘に入るしかなかったんだから、「考える余地がなかった」という言い方が正しいのかもしれない。けれど、今はもうそんな時代じゃありません。

宇野　今の日本の安全保障をめぐる議論はまったく現実離れしてしまっている、冷戦後の安全保障体制が現実的に機能するためには何が必要か、在日米軍基地をめぐる外交政策から自衛隊の装備購入のプランまで、「憲法九条は日本の誇りだ」とかその逆だといった物語的、イデオロギー的な側面を切り離して現実的に考え直していくべきだ……というのが石破さんがこれまでの著作で再三訴えてきたことですよね。

そしてこの問題も、僕の言葉で言えば戦後的なOSが更新されずに放置されてきた例の一つであると思います。

僕は憲法九条や歴史認識についての議論はかなり食傷気味なところがあるんです。というよりもウンザリしています。前の戦争で日本が侵略を行ったことも疑いようがない。だから相応の態度表明と外交努力が必要になるに決まっている。その一方で、国家には軍隊が必要に決まっている。もちろん、この二つの立場は矛盾しない。しかし今の九条をめぐる情況では日本の何分の一かが壊滅するような大震災が起こっても、自衛隊を思うように動かせない。申し訳ないけれど、左右のおじさんたちの自分探し的な議論のせいで、現実的な議論がまったくできていないと思うんです。どっちも潰れちゃった雑誌だけれど『諸君！』の中国特集とか、『論座』の靖国特集は読まなくても内容が想像できるような状態が何十年も続いていたと思うんですね。こんな言論状況で、まともな外交や安全保障の議論なんかできるはずがない。

石破　その通りです。私はメディアに出るたびに右翼だとか左翼だとか言われ続けているけれど、そんなことはまったく問題の本質じゃないんです。それは時間の無駄、思考の怠惰と言うべきかもしれない。

そもそも、この国には本来の意味での国家主権はありません。サンフランシスコ平和条約で主権を回復したことになっていますが、では占領下でできた憲法とは一体なんなのだということになります。国際法の世界で言えば、占領下で憲法をつくって良いはずがない。そうであるとすれば、当然あの憲法は無効です。

けれども、六〇年前に独立して、憲法を改正できる状態になったのに、六〇年間まったくそれをしなかった。法理からすれば、脅迫によるものであれ、錯誤によるものであれ、詐欺によるものであれ、それを無効にできることを知った時から一〇年も、二〇年も意志表示をせず、その権利を行使しなければ、それは有効になってしまう。日本は憲法改正をできるようになった時から六〇年間何もやらなかったわけですから、いまさら無効と言っても遅い。それで秩序ができてしまっているからです。

東日本大震災、大津波、原発事故で——私は、これらは三つ一緒に考えなければいけないと思いますが——どうして国家緊急事態宣言が発令されなかったのかと言えば、憲法にそれを規定する条項がないからです。たしかに、「公共の福祉のために」という留保がついていますが、それは国家緊急事態を宣言して国民の権利を制限したり、義務を課したりするという場合を想定してはいません。

国の独立を守るために、どの国の憲法にも国家非常事態に関する条項というのは入っています。戦前の帝国憲法にもありました。誰がその権限を持っていたかと言えば、天皇陛下が持っておられたわけです。もちろん、以前から「国家緊急事態法をつくるべきだ」という議論はあるのですが、最近は特に「誰が非常事態を宣言する権限を持つのか？」ということに対して、単純に総理大臣が持つべきだ、と思えなくなってきた。直近で鳩山由紀夫総理や菅直人総理というのを見てしまいましたから。だからと言ってまさか天皇陛下にお持ちいただくというわけにもいきません。

二・二六事件にしても終戦にしても、天皇陛下のご聖断がなければどうなっていたか。これは議論してはいけないような風潮がありますが、そこを避けてはいけない。国民の権利や自由を守る国家そのものが危機に瀕した時に、一時的に国民に義務を課し、権利を制限するのは独立国家にとって当然に必要な措置です。それから、もう一つは国の独立を守るための軍隊。この二つが憲法上にないという恐ろしい国が日本なのです。

この話をすると、みんな「あ、そうなんだ」と気づいてくれることが多いように思います。でも、自民党も今まできちんと語ってこなかった。国民が主権者として最終的な国家運営を判断する、国家独立のためのしくみを内蔵している憲法秩序を持つ。そういう国をつくりたい、ということになるのかもしれません。

宇野　戦後的なイデオロギー対立は、実は本当の意味で国家について考えることから人々の目を背けさせるための疑似問題として機能していたのは間違いないと思うんですね。戦後社会では、憲法九条を肯定しても、否定してもそれはその人の生きざまを裏付けるための物語として、もっと言ってしまえば自分探しのための道具として強く働きすぎてしまった。そしてそのせいで、国家と国民の関係について本質的に考える文化がほとんど消滅してしまったんだと思います。けれど、今回の震災は、そんなほとんど「趣味の問題」になってしまっている戦後的な左右の図式はひとまず忘れて、国家の役割と国民の権利についてしっかり再構築していかないと、危機に対して最低限の対応もままならないことを明らかにしたと思うんです。

石破　「一体、国とはなんですか?」「主権国家ってなんでしょう?」という時、さまざまな定義がありますね。一定の領土、一定の帰属意識でまとまっている国民、排他的な統治体制──それが国家だというのが普通の定義です。しかし、それは言い方を変えると、「警察と軍隊という実力組織を合法的に独占する主体、それが国家なのだ」ということです。

宇野　暴力装置としての国家という本質をしっかりと受け止めた上で、国家と国民との関係をもう一度きちんと考え直し、再定義すること。憲法改正についての議論は、あくまでこうした観点から考え直されないと意味がないということですね。

石破　徴兵制がいまだに問題になるのは、本当は国民主権が問われているのだと私は思います。市民革命以前の軍隊は、国民の軍隊ではなく絶対君主の私兵だった。王様が好きなように税を課し、兵隊を雇い、戦争を始め、終わらせる。兵士は国家や国民のためではなく、王様のために戦ったんですね。近代市民革命は、それに異を唱えるプロセスでした。王様が好き勝手に税金を集めて、使って、戦争をするのではなく、市民の代表としての議会が、税金の集め方や使い方、あるいは戦争の始め方や終わり方を決めよう。その市民国家の軍隊は、市民のための軍隊だから市民すべてが参加すべきだ。国民国家、市民国家だから、それを守るのは国民、市民なのだ、それが徴兵制の本来の考え方です。若者がだらしないから軍隊に入れればきちんとするだろう、というような話ではない。そんなことは家や学校でやるべきことです。大切なのはそんなことじゃない。「国民主権」というものをどう捉えるかということです。

宇野　それはこれまで話してきた、政治に国民がどうかかわっていくのかという問題と深く関連しているように思えます。今の日本は国民が総理大臣にダメ出しを繰り返して、その首を

石破　すげ替えるのは大好きだけれど、選挙で社会を変えていけるとは誰も信じていない。ダメ出しはするけれど、自分で責任が発生することには参加したくない。

憲法の構造として一番重要な原理は国民主権だと、小学校の時に習います。でも、この国は本当に国民主権の国家なのか。

国民主権の国家というのは、近代市民社会ということです。王様の勝手でいろいろなことが決まらないようにしよう。国民が自分たちで決められるようにしよう。でも、すべてについて全員が直接賛否を投票するというわけにはいかないので、市民の代表としての議員を選び、その選ばれた代表たちで議会をつくり、そこで税金の集め方、使い方、戦争をするしないを決めよう。そういうことです。

国民が自らすべて決めるということなのだから、投票行動の時に「自分が為政者だったらどうするか」ということを考えてもらわなければ、国民主権ではありません。「税金まけてください」とか、「戦争反対」とか、「年金たくさんちょうだい」とか言うだけでは、「王様、お願いします」の世界です。王様がいて、「お願いします、税金まけてください」「お願いします、戦争なんかやらないでください」というのと変わらなくなってしまう。

消費税も、TPPも、原発再稼働も、オスプレイ配備も、全部反対。では一体どうするのか、ということについて何の答えも持たないでただ「反対」だけでは、主権者とは言えません。ましてや政党や政治家がその姿勢であるとすれば、言語道断と言う他はありません。

宇野　江藤淳風に言えば「治者の論理」ですね。

石破　国民主権ということは、自分が主権者だということなのです。常に国のことを考えている必要をなくすために議員を選んでいるのです。だから少なくとも、税金は低く、お医者さんは無料、年金はたくさん、道路はいっぱいつくる、そんなことをしていたらみんなから集めたお金ではまかないきれない、ということは考えなくてはいけない。それなのに、それぞれのお願いを勝手に託して一票を入れている。

もちろん、国民に迎合して、夢みたいなことを言う政治が一番いけない。しかし、有権者がそれぞれ「自分が為政者なりせば」と考えて投票行動ができるのが、国民主権国家です。それを忘れると欲望民主主義に走ってしまい、政治家が欲望民主主義に迎合する。それが国家の破綻につながります。

他の国でも、みんなが主権者として一票を投じているとは思いません。他の国をモデルとして考えられないというのはそういうことでもあります。

しかし、日本国民は賢いのだから、自分が為政者だったらということを少しでも考えて投票行動をしていくことができるのではないか。そうしなければ、英雄待望論になったり、政治家なんかダメだというニヒリズムに陥ったり、「嫉妬は正義の仮面をかぶって現われる」ということになるわけです。

別に難しい話をしているのではなくて、「もう少し真面目に考えよう、我々政治家も本当のことを言うから、国民であるあなたたちはそれを聞いて判断してほしい」。そういうことを私は最近あちこちで言っています。

宇野　戦後的な左右対立のイデオロギーも、ある時期までは国家と個人を結びつけるものとして機能していたと思うんです。しかし、これまで確認してきたように、もう何十年も前にこうした一種の物語装置が機能していた時代は終わってしまった。にもかかわらず、新しい装置で国家と個人を結ぶアイデアが生まれていないということが問題なのだと思います。

国民主権という問題を今、もう一度考えるのならどのようなかたちで国民に自覚を促すのか、「自分が為政者だったらということを少しでも考えて」投票行動をするような文化を育てていくのかをゼロから考えていくべきなのだと思います。憲法改正や政治改革の問題を考える時には、常にこの視点に立ち返っていきたいですね。

その時に、いわゆる日本の知識人は右も左も、日本は未成熟な近代国家未満の存在で、諸外国、特に西欧を見習うことで成熟すべきだと説いてきた。けれど、小沢さんの「普通の国」論が破綻したように、僕たちは他の国をモデルにするだけではダメだということも分かっている。欧米の制度をコピーして、それがうまくいかない日本は未熟なのだ、「〇〇ではないニッポン」を目指すべきだという批判だけを繰り返すのではなく、日本社会の現状や国民性を考慮した上で、現実的なモデルで日本的市民社会を構築していく「〇〇であるニッポン」のビジョンにたどり着けたらいいと思います。具体的には、憲法改正も視野に入れた政治改革の議論になるんでしょうね。

そして、これまでのお話で石破さんの考える「〇〇であるニッポン」、つまりサスティナビリティのある日本をつくるための「柱」のようなものが見えてきたと思います。

一つは「自由化」ですね。自由と安定のバランスを戦後社会のそれよりは「自由」にメモリを動かす。その上で機能する最低限の、しかし容易に破綻しないシンプルで強いセーフティネットを張る。二つ目は「開国」ですね。国内のリソースを最大限に活用するためにも、日本の社会はより海外に開かれていかなければならない。いや、否応なく開かれていくことを前提に新しいしくみを考えなければいけない。そして三つ目は「国民主権の再設定」ですね。二〇世紀的なイデオロギー装置がほとんど使えなくなった今、いかにして国家と国民との関係を定義していくのか。これはまさに、「政治」というものへの信頼が低下している今の日本にとって一番大きな課題だと思います。

石破　今の時代を考えた時に、実は選択肢は非常に狭い。財政再建や憲法改正、福祉の見直しなど、すぐに取りかからなければ日本は持続できない。宇野さんのおっしゃる通り、国民は今政治への信頼を失っていると思います。だからこそ、どういう社会をつくるのか、それを国民に対して語りかけることで、政治家の側から、その信頼を取り戻すようなアクションを今すぐに起こさなければなりません。

政治家は二言目には「国民が政治家を信用してくれない」と言いますが、それでは政治家は国民を信用して、本当のことを言っているか。どうせ分かってくれないだろうと口当たりの良い、その場限りの適当なことを言っているのではないか。国民を信用していない政治家が、どうして国民から信じてもらえますか。やはり、政治家は勇気を持って真実を語る必要があると思います。

宇野　それでは、この三つの柱を中心に、いよいよ具体的に各分野の問題について話していきたいと思います。

第二部

明日の社会を提案しよう

自由化

2-1　非正規雇用の両親が二人の子どもを育てられる社会をつくるために

宇野　僕は今、結婚五年目なのですけど、子どもはまだいません。欲しいなという気持ちはあるのですけれど、いまいち踏ん切りがつかない。それは僕も妻も今は仕事を犠牲にしたくないと思っているからなんですね。僕はよく「非正規雇用の夫婦二人が子どもを育てられるような社会をつくらなければいけない」と主張しているんですけれど、それはなんのことはない、僕が普段から一生活者として感じていることなんです。

実際に今の僕たちに子どもが生まれたらどうなるんだろうと考えて、真剣にシミュレーションすればするほど、今の日本社会って専業主婦がいる家庭に合わせた制度とバランスになっていることを痛感します。税制から保育園の数まで、ことごとく正社員のお父さんと、専業主婦のお母さんがいる家庭を標準に考えられている。でも、僕がそうであるように今やそんな「標準的な家庭」はどんどん少なくなっていると思うんです。にもかかわらず、制度は古いまま放置されている。これじゃあ「子どもをつくるな」と言っているようなものだし、女性に「社会に出て働くな」と言っているようなものだと思うんです。

　こうして考えてみると、社会保障や教育の問題は単なる再分配のバランス調整の問題である以上に、日本という国家が想定している「家族」のイメージが時代遅れで、固定観念に縛られてしまっているという問題だと思います。この「家族」観が更新されない限り、枝葉の問題ばかりをケアするだけで問題の本質に触れることはできないんじゃないかと思うんですよ。

石破　宇野さんは、なぜ戦前は、あんなに人口が増えていったのだと思いますか?

　たぶん、子どもというのは「老後の保険」という面を持っていたわけですよね。自分が年取ったら誰が養ってくれるのか、ということを考えた時に、子どもが一人しかいなくて親不孝者だったら大変なことになる。五人くらいいれば、一人くらい親孝行の子がいるかもしれない。というような、老後に関する保険。あとは、社会全体が貧しくて、なるべく多く稼ぎ手をつくらなくてはいけないということだったわけです。ところが年金制度ができたので、子どもに助けてもらわなくても生きていけるようになった。稼ぎが良くなってきたから、子どもを中卒ですぐに働かさなくてもなんとかなるようになった。経済成長で「総中流」になり、公的年金制度が整備されていったので、子どもが少なくて良くなったわけです。

当時はそれでうまくいっていた。しかし私の考えでは、遅くても一九八〇年代後半には、家族のあり方がもっと多様になっていくことを前提に制度を変えることに、真剣に取り組むべきだった。ほかならぬ私たち自民党政権がそれを怠ってきた。そのせいで、いまやとんでもないことになっている。

これもよく聞く話ですが、高齢者施設に行くと、運営者の方が「何が嫌だと言って、ちっとも見舞いに来なかったのに、亡くなった途端に山のように親戚がやってくる。あれを見るのが一番嫌だ」とおっしゃるそうです。これでは、年金制度がまるで親不孝奨励制度みたいではないですか。

宇野　子どもが親の社会保障だった時代から子どもを解放する制度を長生きさせすぎたせいで、逆に親が子どもの社会保障になってしまい、なるべく子どもをつくらないほうがいい暮らしができる社会をつくってしまったわけですよね。

これをひっくり返すには、そもそもの「国家が考える家族観」を見直すしかないと思うんです。

たとえば「標準家庭」という「国の考える標準的な家族構成」を表す言葉がありますよね。これを基準にさまざまな社会制度がつくられてバランスも調整されていると思うんですが、これが見事に先ほど僕が指摘したような戦後的な核家族モデルなんですよね。

石破 社会制度だけじゃありません。戦後の日本における住宅や電力・給湯設備、さらに冷蔵庫の大きさや車のサイズなど、いろいろなものが標準的な家族形態を基準にして企画され、つくられてきました。また、年金や保険、税などの社会制度における算定やサラリーマンの賃金交渉などでも基準とされてきたはずです。

「標準家庭」とは総務省が発表している「家計調査」という報告で用いられている言葉ですね。具体的には夫婦と子ども二人の合計四人で構成される世帯のうち、有業者が世帯主一人だけの世帯が「標準家庭」とされています。まさに、宇野さんがおっしゃる「正社員の父＋専業主婦の母＋子ども二人」ですね。

そして宇野さんのご指摘のように、それが崩れてきているというのも事実ですし、それをモデルにして社会を構築することに無理がきているというのも、その通りだと思います。

私の考えでは、事態はもっと深刻です。

たとえば、共働き夫婦と子ども一人等も含めた「夫婦と子どもから成る世帯」も、

図5　一般世帯の家族類型の割合の推移-全国(昭和55年〜平成22年)
(総務省統計局「世帯の家族類型別一般世帯数・親族人員及び1世帯当たり親族人員」より作成)

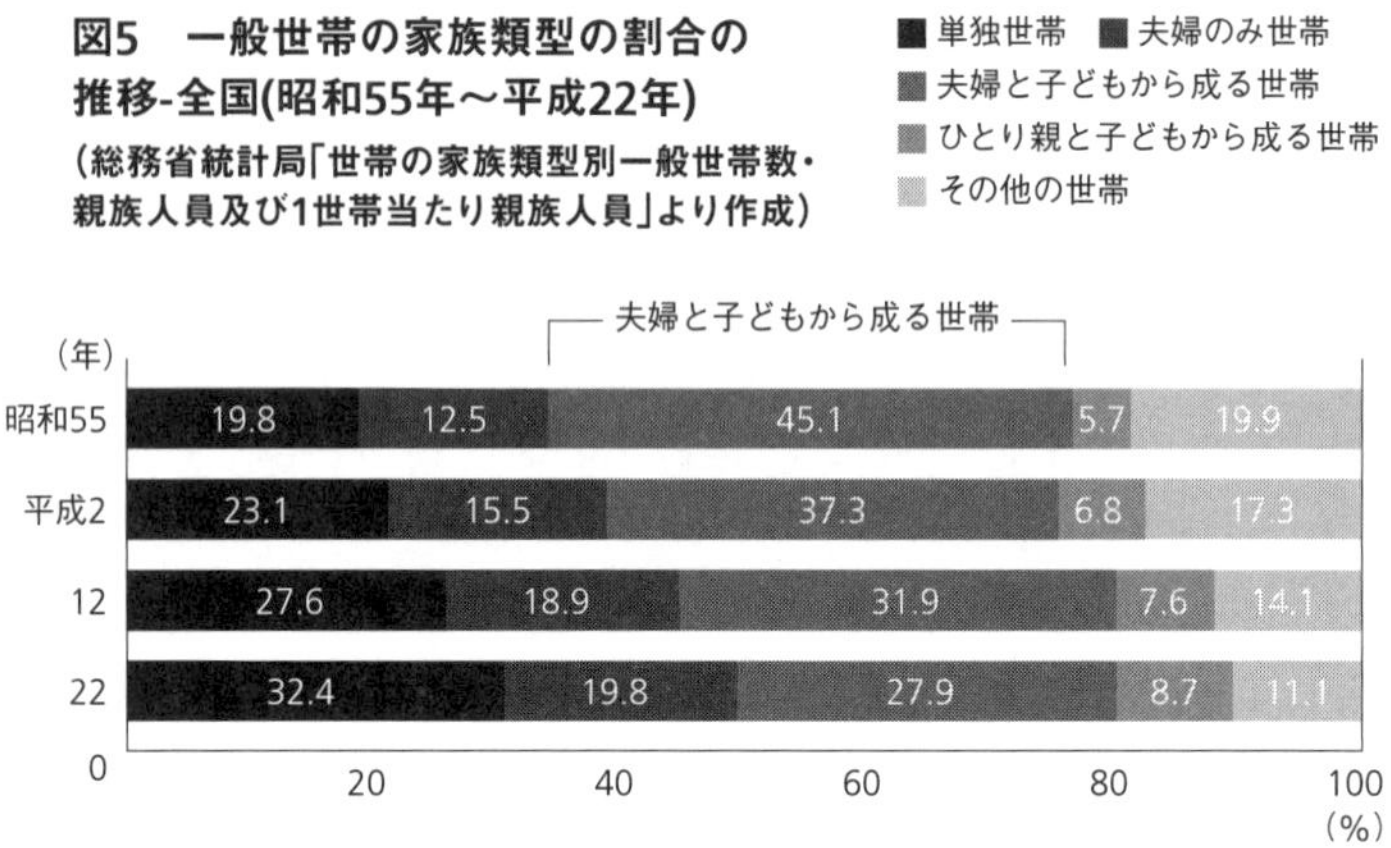

七〇年時点では四割以上を占めていたのに、いまや三割を割り込んでいます。それに代わって、「単独世帯」いわゆる「おひとりさま」、あるいは「夫婦のみ世帯」「ひとり親と子どもから成る世帯」が増加し続けています。つまり、この数十年で日本社会の家族のあり方は相当多様化したと言える。だとすると、もはや「標準家庭」なんて言っていられない。新しいスタンダードをつくるのではなく、それぞれの家族構成に合った、いろいろなしくみを用意し、どういう家族構成でも適切な処遇が受けられる使い勝手の良い社会設計が必要なのだと思いますね。

宇野　日本はシングルマザーに対しての社会的支援が先進国の中でも特に弱いという指摘がずっとありますよね。常識的に考えて、そんな状態で少子化にならないわけがないと思うんですが……。

石破　まずは養育費の支払いを確実にするように措置すべきで

しょう。今の日本では、通常男性のほうが生活力があるわけで、本当はこれ自体を改善しなければいけないけれど、時間がかかる。だとすると、早急に手当てできるのは男性の側の金銭的義務をきちんと履行させるしくみでしょう。実際、養育費を払っていない男性が多い。ある意味、保護責任者遺棄のような話で、これは一種の犯罪に近いのではないか。

とりあえずシングルマザーを前提にお話ししましたが、シングルファザーで生活能力が乏しい場合も同じですよね。離婚によるひとり親であれば、その分を国がいわば「立て替え払い」して、相手方に対する請求権を確実に担保する、というくらいのことが必要だと思います。

ドメスティック・バイオレンスなどが離婚の理由だった場合には、「養育費も何も要らないからとにかく別れて」という心理になることもあるそうです。その気持ちは分かりますよね。だからこそ、支払いを国が行って、相手方に国が請求する、ということもあるべきだと思います。

宇野　あとは保育施設をどうするかという問題がありますよね。待機児童の解消法にも、いくつかシナリオがあると思うんです。

石破　ここで重要なのはニーズの問題です。保育園も幼稚園も、それぞれ必要性があってできたものです。働いている親御さんにとっては保育園が良いかもしれない。そうでない、専業

図6　保育所待機児童数および保育所利用率の推移
（厚生労働省「保育所関連状況取りまとめ（平成23年4月1日）」）

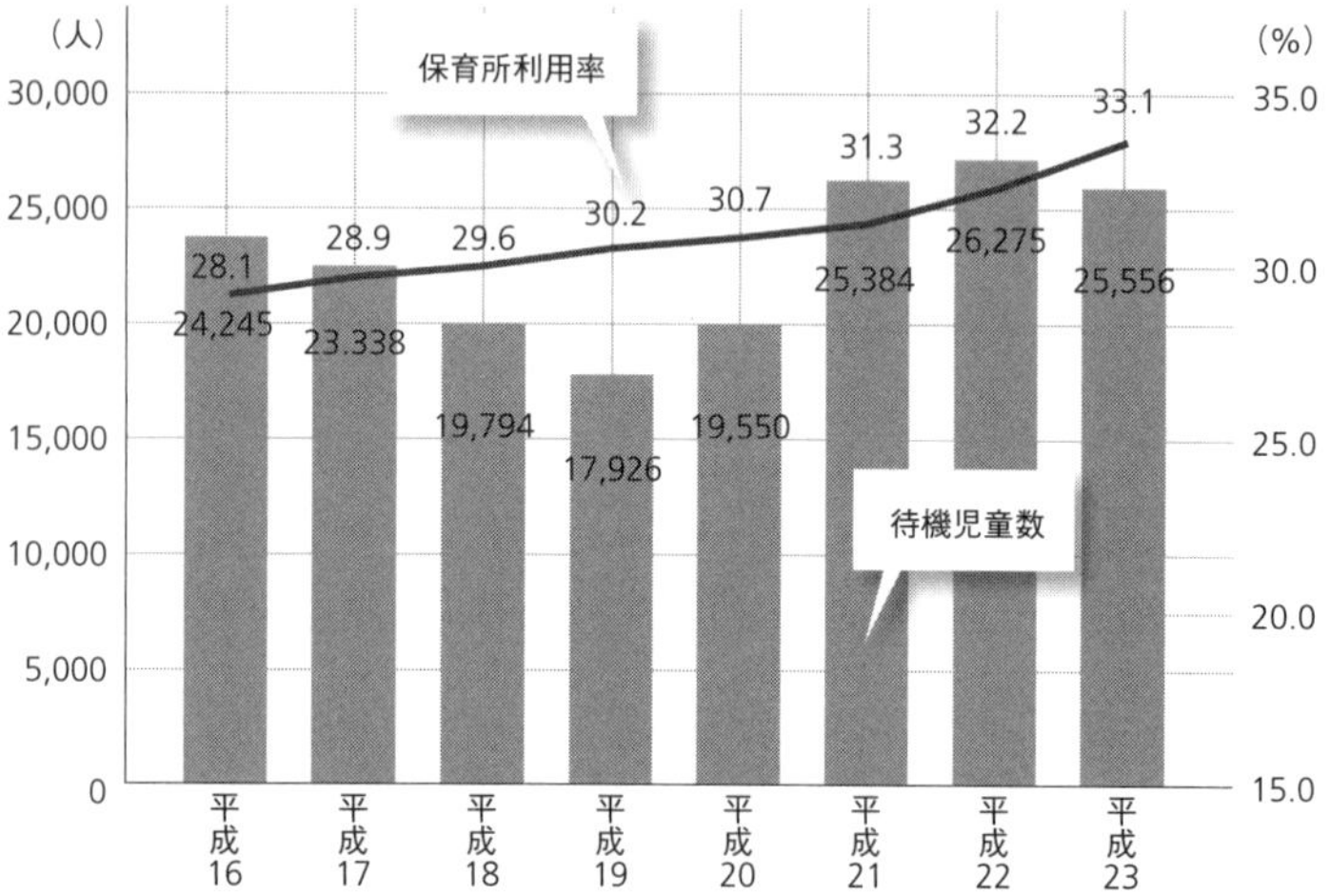

主婦の奥さまは幼稚園が良いのかもしれない。ライフスタイルが違えば、それぞれニーズがあるわけです。だからそれをむりやり一緒にしてしまう「総合こども園」という発想はどうかと思います。

宇野　民主党が提唱した「総合こども園」は一元管理してコストを圧縮したいという行政の都合が先に立っているところがある。だとすると、これまでの話の流れから言って、現状の日本では保育園の拡充がもっとも効果的だという結論になりますね。

石破　そう、シンプルに保育園の拡充です。待機児童が女性の就労を妨げているのは明らかです。ただ、単に「拡充」だけではなくて、本当に保育園が必要な家庭をケアするしくみにしないといけない。

児童福祉法では、市町村に保育の実施義務を負わせていて、その対象を「保育に欠ける」児童と定義しているのですが、その判断基準は「政令で定める基準に従い条例で定める」となっているので、地域の保育園の数や市町村の予算などによって左右されてしまう。

そして、その判断基準も、たとえばパートで働いている人や求職中の人よりフルタイムで働いている人のほうがより「保育を必要としている」と判断されやすいわけです。そうすると、フルタイムで働いていて所得の高い家の子どもが認可保育所に入れて、パートしかできない所得の低い家の子どもがお金のかかる認可外保育施設を利用せざるを得なかったり、待機させられることとなってしまう。だからむしろ、ある程度収入がある家の子どもはちょっと高いけど認可外、という制度にしないといけない。

それから大事なのが保育士さんの処遇改善です。保育士のライセンスを持っていて、保育の現場に出ていない方が五〇万人くらいいるわけです。収入が低すぎて続けられないとか、結婚・出産と両立できないなど、いろいろな理由がありますが、仕事に見合った処遇をしなくてはいけない。それは介護士でも、あるいは看護師でもそうです。見合った処遇をしないから、人が来ない。

このような状況を改善することに、国家資源を優先的に投入すべきです。先ほどお話ししていた、社会福祉の重点を変える、ということですね。

宇野　僕もここについてはもう、国家が担うしかないんじゃないかと思っているんです。基本的に、専業主婦という制度抜きに、核家族が子どもを育てるのはとてもハードルが高いことだと思う。現に僕の身の回りの、同世代の夫婦で子どもがいる人で共働きを続けていられるケースのほとんどが、夫か妻、どちらかの実家が東京にある人なんですよね。僕らのような上京組の夫婦には、実家の労力的な支援は当てにできない。だとすると、基本的に行政に頼るしかないんです。というか、こういう場面でこそ、これからの国家の出番はあるんだと思います。

石破　この国のサスティナビリティを考える以上、それしかないでしょう。

ただね、こういうことを言うと宇野さんに古い人間だと思われてしまうかもしれないけれど、少し前の二〇〇五年の統計ですが、この国にはシングルマザーが一一八万人もいるそうです。今の時代だけではないのかもしれませんが、「夫婦になる」「人の親になる」というのは実に大変なことで、当たり前のことですが、単なる感情だけで衝動的に決めていいものではありません。一緒になるのは男女の合意さえあればいいのですが、子どもの人生まで考えなければ無責任というものです。結婚式でスピーチをする時に、この夫婦は責任ある二人であってほしいな、といつも願いながら話しています。

宇野　おっしゃることはよく分かります。けれど、これまで話してきた家族像の多様化に社会制度が対応すべきだという主張は、言い換えれば個人の美学は横において、それぞれの考える家族像を尊重しましょうということだと思うんです。もちろん、親には子どもをつくった責任がある。だから育児放棄や、養育費の未払いなんてとんでもない話だと僕も思います。けれど、逆を言えば責任さえきっちり取っていればそれで構わないという前提に立つしかないんじゃないでしょうか。たとえば、まだ数としてはそんなに多くないのかもしれないですけど、思想の問題として、あるいは趣味の問題として、「結婚は嫌だけど子どもは欲しい」という選択があるわけですよね。本当に責任を取ることができるのであれば、リベラルの原則からして「認めない」という選択はあり得ないと思うんですよ。

石破　「結婚はしたくないけれど子どもは欲しい」か……。たしかにそういう人が増えていくのかもしれない。しかしあまり考えずに結婚して、すぐに離婚してしまう人も多いでしょう？

私の場合は配偶者と一緒になるまで、「結婚してください」と言ってから何年も経っていました。長く知り合っていると、良いところだけ見せるというわけにもいきませんから、配偶者は私の悪いところもある程度分かっていたのではないかと思います。とはいっても、「毎日が悪いところの新発見」なのかもしれませんがね。フランスやスウェーデンでは結婚の前に一緒に暮らすそうですが、「事実婚のすすめ」みたいなことを言う人もいますね。恋愛している時は一週間に一回くらいしか会いませんから、お互いに良いところだけ見せられます。でも一緒になってみると、非日常がそんなに続くわけがありません。目一杯おしゃれをして、格好良く、教養があることだけ語り合って、などということができるはずがない。一緒に住んでみて、「この人ってこんな人だったんだ」と分かった上で一緒になるというのは、大事なことなのかもしれません。

宇野　「できちゃった婚」よりも「じっくり同棲《どうせい》ライフを」ってところですね（笑）。いや、これは冗談ではなく大切なことかもしれません。

2-2 「若者が安心できる社会保障」に切り替えるには

宇野　たぶん今の若い国民が一番不安に思っているのは、将来への経済的な不安だと思うんですね。安価な娯楽もたくさんあるし、体も動く今はこのままで構わないという人も多いのかもしれない。けれど、そんな一見お気楽な若い人も、この先どうなっていくんだろうという不安がものすごく大きい。僕自身もフリーランスの物書きなので、どうしてもここが一番気になってしまう。ここ数年、専業主婦を希望する若い女性が増えているという調査もありますが、社会の持続可能性、サスティナビリティの問題というとまず最初に社会保障の問題にどうしても突き当たってしまうと思います。

僕は四年前に会社を辞めてフリーランスになっているんです。当然、ものすごく迷って周囲の人間に何度も相談しました。でも、最後に背中を押したのは「このまま会社員をやっていてもこの先どうなるか分からない」というまた「引き算の思考」なんですよね。会社員をやっていたからといって安定した未来はやってこない。だったら、思いっきりやりたいことをやったほうがいい。そう考えたんです。僕はその頃、すでに最初の本がそこそこ話題になっていて、収入も副業の物書きのほうが多いくらいだったけれど、それでもこうしたやけっぱちの思考がないと会社を辞められなかった。それくらい、経済的な不安は今の若者たちの生き方に影を差していると思うんですよね。

石破　たしかに、若い人の雇用について、国として取り組まなければならないと政治家が思い始めたのは、相当最近になってからだと思います。年金についても、先ほど話したように、賦課方式の制度自体は相当に工夫してありますから、別に破綻するわけじゃない。でも、漠然とした不安を解消するようなきちんとした話を、政治がしてこなかった。

宇野　まさに既存の戦後的システムが安定していた時代に生きた「逃げ切り世代」と、僕ら「逃げ切れなかった世代」が対立してしまうという問題ですね。

石破　自民党本部をはじめ、都内各地、週末には各地方で講演や街頭演説をしているんですが、お客様にはシニアの方々が多いようなところでも、「若者を豊かにしていかなければ、皆さんの老後は支えられません。皆さんはたしかに苦労して戦後日本を救われた。でも、この日本を若い人に引き継ぐために、まだ皆さんにやっていただくべきこと、あるいはやらなくてもいいことがあるのではないでしょうか」と言うと、結構うなずく方はおられるんですよ。
説明もしないで、「高齢者は既得権益を握って離さない」などと非難するのではなく、まず、話せばいいのではないでしょうか。高齢者だって、なんかおかしいなとは思っているわけです。自分たちはこのままでいいのかと思っている方も、かなりおられると思います。

宇野　なるほど。では、ここでズバリお聞きします。石破さんはこの世代間格差を、とくに年金をどうするのがベターだとお考えですか？

石破　積み立て方式は、言われているほどバラ色ではありません。なぜなら、現在積み立てている自分のお金を将来増やして使えるようにしようと思えば、金融市場に出して自分で運用するしかないからです。ＡＩＪ投資顧問が企業年金の資産の大半を消失させた事件がありましたが、その例を見ても分かるように、世界中の金融市場が不安定な現在は特に、それはかなり危険な「賭け」になってしまう。しかも、民主党自身がしぶしぶながら認めたように、一世代もの長い時間をかけて積み立て方式に移行しても、受け取れる額は今より少なく、払うお金は今より多くなる。だから、現行の賦課方式を少しずつ手直ししながらやっていくのが、結局は一番いいんです。
せっかく「社会保障と税の一体改革」の議論が与野党で真剣になされたのに、まるで絵

2-2　自由化

空事のキャッチフレーズ「最低保障年金七万円」に民主党がこだわったのは、実に残念でした。ほとんどすべての前提とすべきデータは、自民党政権下の二〇〇八年、一年間をかけて行った社会保障国民会議の議論で出尽くしているのに（http://www.kantei.go.jp/jp/singi/syakaihosyoukokuminkaigi/saishu.html）、それをまったく知らずにゼロから議論をし直したのは、時間を浪費したような気がしてなりません。

宇野　この問題の半分は「不透明性」にあると思うんです。システムも複雑だし、若い世代の多くがぼんやりと「このままでは損だ」という被害者意識を募らせている。そして実際に割を食っていると僕は思うのだけど、どういうしくみでそうなってしまったのかもよく分からない。「ゼロからの議論」が支持された背景にはこうした事情があったように思うんです。その上でもし、現行の制度のマイナー・チェンジで行くなら、単に積み立て方式の欠点を挙げるだけでなく、石破さんのおっしゃる「若者を金持ちにする」ための強力な具体案なしには誰も納得しないと思いますが。

石破　それは、これまでの政治家の決定的な説明不足にあると思いますよ。不安が蔓延しているのは分かっているのに、若い人にこそ理解してもらおうという努力がまるでなされなかった。

たとえば、第一部の「支える人・支えられる人」の話でいうと、ゼロにしてしまう、つまり年金制度がなかったら、これはどういうことになると思いますか？　今、お年寄りは長生きされているから、三〇代の子ども、六〇代の親、九〇代の祖父母、というのもそう珍しくない。年金がないということは、現役で働いている人が親の面倒を見るということです。このケースでもし六五歳で親世代が定年を迎えたら、三〇代の子ども世代は親のみならず祖父母の面倒も見なければいけない。つまり、最大で「一人で六人」を負担しなければいけないんです。

「ガラガラポンでゼロベース」と言うと聞こえはいいけれど、こう説明すると、今の年金制度もあながち悪くないな、と思ってもらえるんじゃないでしょうか。

宇野　むしろ問題が大きいのは、医療や介護なんです。この意味で、私はずっと、社会福祉の財源について、一定程度の消費増税が必要だと言ってきたわけです。

消費増税については、自民党内でも民主党内でも意見が割れていますね。これはもちろん、「上げる、上げない」の単純化された問題ではなくて、「いつ、どの程度、何に使うために」上げるのかが、議論されないと意味がないと思うんですが。

石破　私は「消費税は上げましょう。上げないとこの国はもちませんよ」とずっと主張してきました。バブルの時も、「今上げなくてどうするんですか！」と声を大にして言いましたが、「君、心配するな、経済はずっと良くなるんだ」と窘《たしな》められた。そんなわけないでしょう。

「今起こっているのはバブルなんですよ。必ずいつか消えるんですよ。今消費税を上げておかないと、本当に弾けますよ」と反論しても、誰も聞いてくれなかったですね。

それでも、自民党は二〇一〇年の参議院選挙で「消費税一〇パーセント」という公約をきちんと出しました。民主党は政権与党の責任として、野田総理の方向性を明確に担保するべきですね。

宇野　ただ消費増税をすると言っても、絶対に国民は納得しません。もちろん、財政の問題で消費増税の問題がどうしても浮上することは分かっている人が多いと思うんですよ。けれど、国民が不満に思っているのはその使い道がはっきりしないままとりあえず増税されてしまうことだと思うんですね。当然のことだと思うんですが、目的税にするなり、使い道をしっかり説明する必要があると思います。

石破　それもよく言われることですよね。でも、消費税はすでに実質上「目的税」に近いんです。地方に渡す分を除いて、消費税の収入が充てられる経費は、一九九九年（平成一一年）から予算総則に「基礎年金、老人医療、介護」と規定されているんですよ。これもあまり知られていない、つまり説明不足による不信感なんでしょうね。

2-3 スマート・ガバメントの実現で「メリハリのある福祉」を！

宇野　民主党が二〇一〇年〜一二年に「子ども手当」ってやりましたよね？

あのとき僕は「あれっ」って思ったんです。あの「子ども手当」ってとにかく子どものいる家庭に、子どもの数に応じてお金を渡すという制度でしたよね。でも、この制度の対象には今はまだ子どもはいないけれど、経済的な理由で子どもを持つことができない夫婦は含まれない。僕はそこがどうしても引っかかってしまったんですよ。

たとえば扶養者控除は、「女性がフルタイムで働きに出ることがイレギュラーなことである」という発想のもとにつくられた制度だと思うんですね。同じように、この「子ども手当」はこれから子どもが欲しい家庭にケアは必要ないんだという発想がその背景にあったんだと思う。でも、すでに子どもがいてお金がかかる人たちと少なくとも同程度には、これから子どもが欲しい人たちにケアが必要だと思うんです。もちろん、ケアのかたちはそれぞれのケースで変わってくるでしょう。その意味でも、ただ子どもの数に応じてお金を配るという発想はおかしいと思った。

石破　民主党政権が実施した「子ども手当二万六〇〇〇円」なんていうのは、所得制限もなく一五歳以下の子どもがいる家庭に一律に配るのですから、「みんなにバラまけば票が取れる」というだけの考えと言わざるを得ません。もっとも悪いのは、本当に支援が必要な人たちに、ニーズに合った支援ができなくなることです。

宇野　先ほど話した、国家の考える「家族」や「ライフスタイル」のイメージが貧困で、多様化して久しいのに、それにまったく対応できていない、する気もないという問題がここにも噴出してしまっているわけですね。こんな風に、僕は年金を含めた社会保障問題は、単なるバランスの調整の問題じゃなくて、もっと大きな問題につながっていると思うんです。つまり、これからの日本という国が、再分配を通じてどんな状態を「自由」だと、あるいは「平等」だと考えるのかという思想が、この社会保障の問題を通じて問われることになるんじゃないでしょうか。

石破　なるほど……。つまり「石破、お前はどう考えているんだ」ってことですね（笑）。
一言で言えば、困っている人には厚く、困ってない人には薄く、という考え方です。
たとえば社会保険ならば、第一部でもお話ししましたが、まずは「幸いにして資産が残った方、すなわちリスクを回避できた方は、原則として保険の対象外です」というところから始めることが重要です。「医療、年金、介護の各制度はそもそも保険である」「リスクを回避できた人に対する給付は抑制し、本当に困った人に手厚くする」「所得再配分機能を再生させる」「抑制のインセンティブを設ける」ということをきちんと言わなければ、いくら増税しても足りません。

私は、どちらかと言うといわゆる小さい政府志向だと思います。ただ、大きい政府でも小さい政府でもなく、賢い政府であるべきです。スマートな政府と言うべきかもしれない。

宇野　スマート・ガバメントですね。締めるところは一元管理で締めて、開くところは開いて権限委譲していくわけですね。

この発想はこれからの社会保障を考える時に、とても重要な意味を持ってくると思います。

戦後社会では企業社会が基本的に日本の社会福祉を担ってきたわけですよね。終身雇用と年功序列を基本とした正社員という制度と、各種保険などの社会保障がこれにあたる。しかし、戦後的な社会構造が過去のものになると同時に、企業社会も大きく変貌して、社会福祉の担い手としては機能できなくなっていく。これが戦後的な社会に「間に合った」

2-3　自由化

世代と「間に合わなかった」世代との格差を拡大させていく。この状態をどうにかするには、なんらかのかたちで国家が今よりも強力に再分配を行うことしかあり得ない。ただし、国家財政を考えると「大きな政府」にはなれないし、ただバラまいているのでは「子ども手当」と一緒なので、本当に支援が必要な人に届くように、メリハリと角度をつけなければならない。ここでは先程述べたように想定される家族像やライフスタイルを通して、今、国家が示すべき「自由」や「平等」の具体的なビジョンが問われることになるんだと思います。つまり「メリハリと角度」を、どんな思想に基づいた、どんなしくみで確保するのか、ですね。

石破　たとえば生活保護などで、申請者が資格を満たすかどうか、収入や財産を調査するミーンズテストがありますが、それに時間がかかって、今、現に困っている人の役に立たないということも起きています。やはり、効率やコストの面から考えても、社会保障は一元化したシンプルな制度が必要です。そういう観点からは、ベーシック・インカムの議論も深めたほうがいいと思います。一般的に言われるベーシック・インカムの発想自体は、正直好きじゃありません。一生懸命働いた人間の努力が報われる世界と、この制度の基本的な発想は相反しているのではないか、と思うからです。けれど、論理的に考えて、この国の再分配機能を活性化させつつスマートな政府を実現するには、よりシンプルで分かりやすい社会保障制度を追求すべきですから、議論の過程ではベーシック・インカムのような制度設計についても検討すべきだと思います。

宇野　戦後的な企業社会が担ってきた社会保障をどう補うのかと考えた時、ベーシック・インカムのようなシンプルに一元化された社会保障を国が担うという考えは意外と現実的かもしれないと僕は思うんですね。単純に考えて、福祉国家の破綻を前提にすると、開き直ってアメリカ的に放任してしまうか、中国のような地縁でも会社縁でもない血族社会を想定するくらいしかなくなってしまう。やはりここでは現代日本の実情に即した「○○である」というビジョンを出すべきで、それがベーシック・インカムかどうかはともかく、セーフティネットはそれなりに国家が張る、その上で自由競争の原理を徹底するというかたちを日本オリジナルのスタイルとして模索していくことが重要だと思います。もちろん、ベーシック・インカム的な社会保障と言ってもピンからキリまであるわけですけれど、僕のイメージは、一言で言うと「家賃とあともう少し」といったイメージです。雨露がしのげて、餓死はしないくらいがちょうどいいと思う。

石破　ベーシック・インカムの議論で気をつけなければならないと思うのは、やはり年金と生活保護との性質の相違なんですね。年金が保険である、ということは、少なくとも保険料を払ってきた人に報いよう、ということです。生活保護は国家の義務として、日本国民に最低限の生活を保障する、というものです。もし、すべての社会保障を生活保護型、つまり「生きているだけで給付金を出す」というようなかたちにしてしまえば、自分のことは自分でがんばるんだ、と思って一生懸命やっている方々と、どうせ国がなんとかしてくれる、と他力をアテにして何もしない人々に差がなくなってしまう。そういう制度は良いものではないと思います。現行の生活保護の制度にも、「それなりにがんばる」という要件がもっと要求されてくるんだと思っています。きちんとハローワークに行っているか、まじめに職を探しながら、ふさわしいスキルを身につけるべくやっているか、ということを見るべきだと思いますし、やはり基本的にはお金ではなく、現物支給であるべきではないでしょうか。

仮になんらかの金銭的補助を導入する場合でも、たとえば、用途別クーポン券などにして、生活費、子どもの養育費、など決められた用途以外には使えないようにするべきではないでしょうか。遊興費なんかに使われてはたまらない、というのが普通の国民の感覚だと思いますから。

宇野　今のお話はとても大切なことだと思います。用途別クーポン券などの導入には僕も基本的には賛成しますが、この発想の背景にあるロジックはまさに「本当に必要な人に必要なものをケアする」メリハリのついたサービスを実現するためには、これまでとは少し異なっ

図7　生活保護を受給している世帯数の推移

（厚生労働省「社会福祉行政業務報告」）

＊保護率の算出は、被保護世帯数（1か月平均）を「国民生活基礎調査」の総世帯数（世帯千対）で除したもの

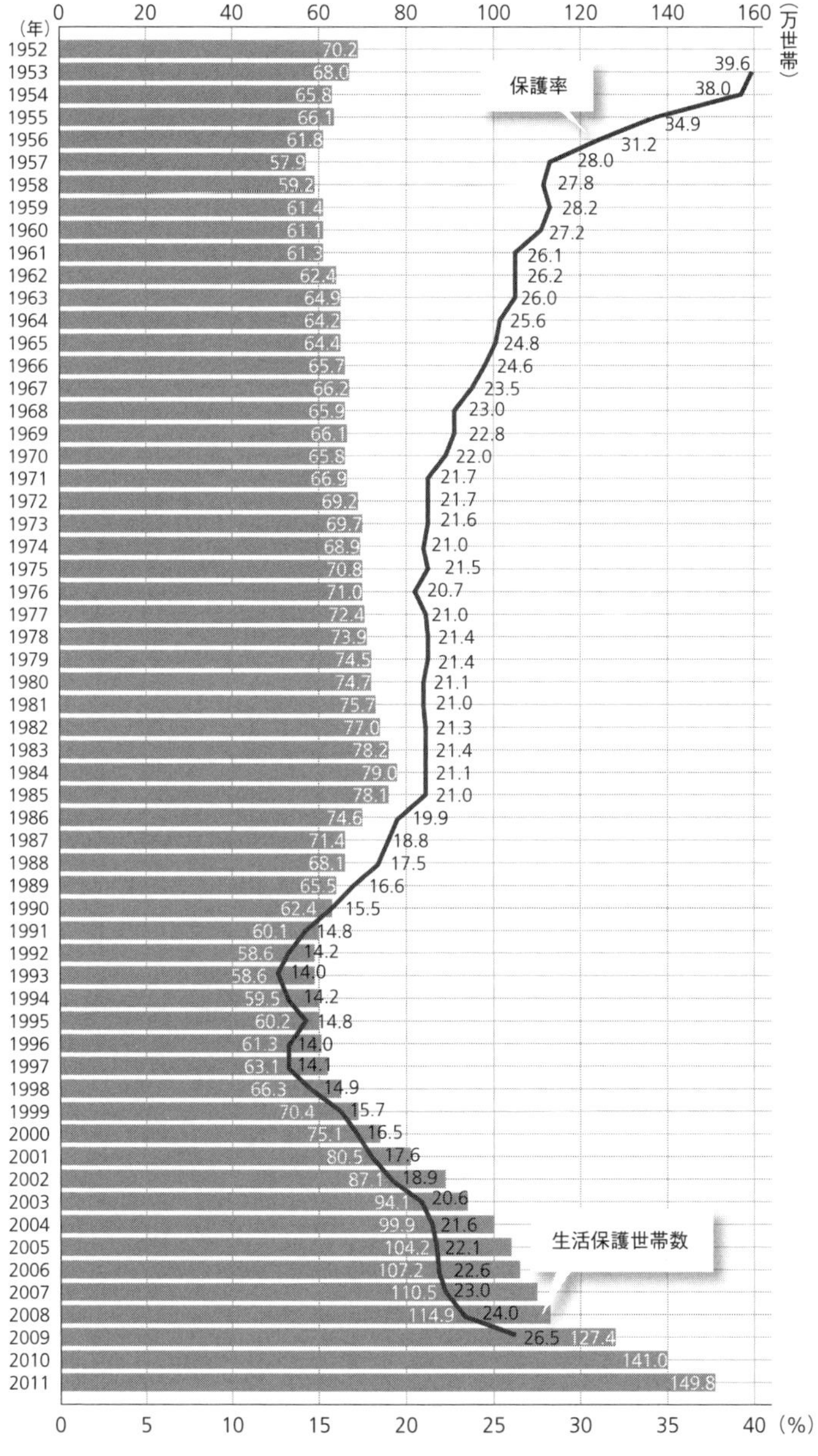

た「自由」の概念の導入が必要になるということです。この場合、クーポンを「何に使うか」の自由はある程度制限するのですから。こんなことを言うと、昔の左翼的な建前を経由しないと市民権が認めてもらえない言論界ではものすごく怒られてしまうんですけれど、僕は仮にベーシック・インカム的な社会保障を行うなら、たとえば国民背番号制を導入した上で、給付されるお金は電子マネーのかたちをとり、その使途はある程度限定することを前提に考えていくべきだと思います。背番号制も従来の「リベラル」の思考ではNGになりやすい発想ですが、僕はむしろ、これからの、本当の「自由」を確保するためには必要なものだと思う。

それに加えて、現状の福祉制度への信頼が低下しているのは、制度そのものの不公平感に加えて「効率の悪さ」と「煩雑さ」があると思うんですね。とにかく一元化したほうがいいという議論もここから出ていると思うのですが。納税者番号的なものの導入は福祉制度とセットで考えないといけないと思います。

石破　「マイナンバー法案」が審議中ですが、これは国民一人ひとりに番号を割り振る「共通番号制度」を導入するための法案で、このマイナンバーを持つことは、私は納税者の権利だと思います。これがあれば、自分がどんな行政サービスを受けることができるのかが簡単に分かるわけです。日本の行政の基本は申請主義ですから、何をする場合でも、そのたびに申請しなくてはいけない上に、今はさらにそれぞれ別個に行わねばならないわけです。マイナンバーが導入されれば、年金、医療保険料、児童扶養手当、障害者自立支援給付、健康保険料、介護保険料、生活保護、それから確定申告などにも共通して使えます。番号で管理すれば、この人は要らない、この人は要る、ということが一目瞭然です。まさに「きちんとした行政サービスを受けさせろ」という権利ですね。納税者の権利としての番号、という考え方があってもいいのではないでしょうか。

マイナンバーの基本的な考え方は、行政と国民がナンバーによって直接結びつくということです。それがないと、政治と国民の間に利益団体が入り込み、しくみを歪めてしまう可能性があります。実は、マイナンバーのような制度がなかなか導入されないのは、そういった利益団体の既得権益がなくなってしまうなどの理由もあるわけです。

宇野　二、三年前に話題になった、「高齢者所在不明問題」も解決しますよね。所在不明者がたくさんいたら、累進的な子ども手当的なものでも、老人手当でもなんでも、やりようがないですよね。

石破　一〇〇歳以上で実際にいるかいないか分からないという方が二三万人もいる。行政のいい加減さの最たるものです。年金保険料の未払いが増えている背景には、二〇〇七年に年金記録問題が発覚し、社会保険庁の杜撰《ずさん》な管理があらわになって、年金不信を増幅させたと

2-3　自由化

いう事情もあるんです。

宇野　僕はこの「高齢者所在不明問題」でもなぜかテレビの討論番組に呼ばれているんです。番組全体の論調は「消費社会化で地方から人の温かい心が失われていっているのではないか」というトーンだったんですが、これについては単に今の戸籍制度とその管理方法が、二一世紀のものとは思えないくらいアナクロだってだけの話だと思うんですよね。

石破　その通りです。その人がどうしているか行政が知らないなんておかしい。登録されている以上、いろんなお知らせは行っているはずなのです。私は、先進国にあるまじき状態だと言われても仕方がないと思います。

2-4 新卒採用での雇用調整は撤廃すべし

宇野 「若者を金持ちにする」といった時に、雇用の問題は避けて通れないと思います。

定年から年金支給開始までの期間、希望者全員に対する再雇用義務付けが二〇一一年一二月に発表されましたが、僕はもう最悪だなと思うんです。あれは、どう思われますか？

石破 最悪かどうかは別として、法律で強制するのはいかがなものかと思いますよ。新陳代謝は阻害されるし、若い人はそれだけ働く機会が狭まりますしね。実際、二〇一一年時点の厚生労働省の調査では、引き続き雇用してほしいと希望して定年後も採用された人は七三・六パーセントとなっており、希望者の多くが採用されているのです。経験や知識の豊富な高齢者を活用することは企業にとっても大事なことですが、それは企業と高齢者との自由な契約によって成立すべきです。「自己決定しろ」「自助努力しろ」というのは、若者だけに言うべき言葉ではないでしょう。

宇野　それなのに、義務付けというあたりが嫌ですよね。つまり、目先の票欲しさの選挙対策ですよね。

石破　選挙対策でしかないとすれば、これは彼らが批判し続けてきた自民党より悪質ですね。雇用のあり方はもっと自由になるべきであって、今までになかった規制を新たに設けるというようなことはすべきではない。アメリカで年齢による雇用差別が禁止されていることも、それなりに意味のあることでしょう。我々が心がけるべきはあくまで機会の平等であって、結果の平等ではありません。それは、たとえ「戦後日本をつくってきた」世代であっても、です。

宇野　意欲のある人、特に若者に「がんばっても意味がない」とか「最初から不利な条件でゲームをさせられているのだから努力はムダだ」とか、思われてしまうような社会じゃ、さすがにマズいと思うんです。世代間対立の話ばかりしても仕方ないな、とも思うんですけど、こういう政策が出てくるんじゃ言わざるを得ない。

石破　もう一つ、団塊の世代が退職していきます。単純計算ですが、一九四七年生まれの人は二〇〇七年に六〇歳、二〇一二年に六五歳を迎えるので、今年以降多くの人が退職することになります。一時的には退職金で大変かもしれませんが、そのうち企業の人件費負担も減ってくるはずです。その人件費で、もっと若い人たちの給料を増やすべきでしょう。今、個人の金融資産は、日本全体で一四〇〇兆円とも言われていますが、そのうち六〇代以上が六割、五〇代が二割強、四〇代が一割強を持っていて、三〇代、二〇代は合わせても一割に満たない。もちろん、年齢を経るに従って金融資産が増えるのは当然ですが、あまりに極端です。こんな状態で、しかも将来が不安なのですから、若者がお金を使わないのは当然です。むしろ高齢者がどんどんお金を使うべきでしょう。

これは非常に根の深い問題で、高齢者ほど、年功序列・護送船団方式の労働環境に守られていた期間が長いので、結果的に年金などの福祉の面でも安定しているのです。右肩上がりの経済状況で、安定した企業体の正社員として定年まで勤め上げ、あとは貯蓄と年金で賄うというシステムが機能していた。それに比べて、二〇代、三〇代は、正規雇用経験がない人が増えていっていますから、企業年金の恩恵に浴さない可能性が高い。若者がお金を使わないのは、そういった制度から外れたところにシステムをつくらないともう無理だという危機感もあるのでしょうね。

宇野　実際、雇用調整が、新卒採用枠の縮小や、非正規雇用の若者の解雇というかたちで行われていますよね。若者の失業率が他の年代に比べて非常に高くなっているというデータもあります。これは、新卒一括採用の弊害だと思うんですが、そこについてはどう思われますか？　大学生の中では、新卒一括採用というしくみ自体がおかしいのではないかという意

図8　大卒者就職率の推移
（厚生労働省・文部科学省「大学等卒業予定者就職内定状況等調査」）
＊表示年3月卒の学生の就職率

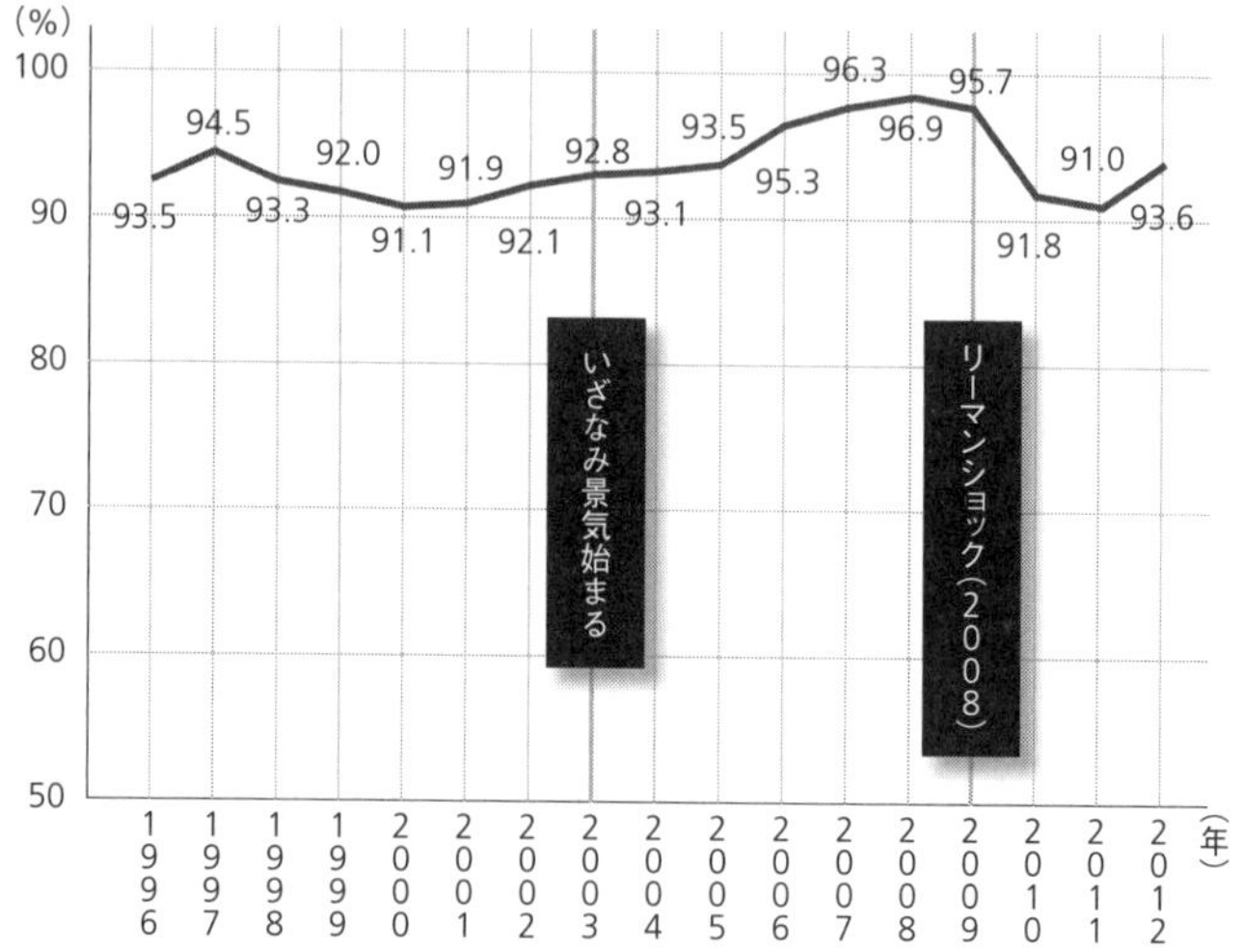

見もあります。かつては新卒一括採用で採られて年功序列で進んでいった。でも年功序列も終身雇用も壊れつつあるのに、新卒一括採用だけは残っている。そんなに積極的にこれを残しておく理由なんてないのではないですか。

石破　そうですね。新聞社など、一部の企業が導入していますが、「いつでもどうぞ」という通年採用にすべきだと思います。

今の大学生がかわいそうだなと思うのは、一年生になって「ああ良かった、大学入れた」と思っていると、二年生から就職活動が始まって、三年、四年はもう何をやっているのかよく分からない。そういう大学生活は、ものすごく不毛だと思います。

企業が欲しいと思う人材も変わってきていると思うんですよ。以前は素質があれば、育てるのは企業でやっていた。今は企業もその余裕がなくなっているから、即戦力を求めるのでしょう。であれば、学生は大学の四年間はむしろしっかり勉強する。そのために高校の三年間は、「自分がなんの学問をしたいのか」というのを考える期間にして、目的意識を持って大学に行ってもらいたいと思うんです。就職の時期は、卒業後何年か経ってからでもいいし、大学三年生の時に就職したって構わない。要は学歴ではなくて、学力がつくようなしくみにすべきだと思います。

宇野　そのために、日本は企業がまっさらな新卒を一律で採って、企業内教育をして、定年まで囲うという構造自体をもう変えるしかないと思うんですよね。現に、企業が人材の教育コストを払えなくなっているケースも多いはずです。それはもう、企業の外側にある、国なのかそれとも民間の教育システムなのかはまだ分からないですが、個々人が学んでスキルを上げた上で、企業と契約していく。おそらく、そういうライフスタイルに否応なくなっていくのではないかと思います。

2-5　男性を企業社会から解放せよ!

宇野　僕の知り合いに大学を出てからずっとアルバイトや派遣社員を続けている女性がいるんです。留学経験もあって、修士号も持っている人なんですけれど、その人がよく自虐混じりに「早く人間になりたい」と言うんですね。これは『妖怪人間ベム』という昔流行ったアニメの台詞で、本人も冗談で言っているのはよく分かるんですが、僕はこの冗談はあまり笑えないんですよ。それも、二重の意味で笑えないと思うんです。まず、三〇歳近い人間がこんな冗談を言うこと自体があまり気持ちよく笑えるものじゃありませんよね。そして、もっと笑えないのが、彼女の世界観では正社員じゃないと「ちゃんとした人間じゃない」ということなんですよね。

この発言の背景には「正社員になる」という「狭き門」を潜ることが、今の日本社会を生き残る上では一番「ちゃんとした」方法だという世界観があって、さらにそこから漏れてしまった自分は「ちゃんとした」人間じゃないという評価が導き出されている。僕は、それなりに学もあって職歴もある人間からこんな発言が出てきてしまう日本社会は不幸だと思うけれど、そうなってしまう背景はよく分かるんです。

石破　今、正規雇用って労働者の何割だかご存じですか？　二〇一一年一〇～一二月の労働力調査では非正規雇用が過去最高の三五・七パーセント、正社員は六四・三パーセントでした。性別によってもかなり違います。男性では正社員が七九・五パーセントに対して女性の正社員は四五・一パーセントでしかありません。

宇野　だからたぶん、「正社員」や「公務員」が身分保障を獲得できる「狭き門」だと思われているんでしょうね。この認識が正しいかどうかはともかく、そんな印象がぼんやりと共有されている。この「不幸な状態」を解消する方法は、大きく分けて二つあると思うんです。一つは「戦後」のように「誰もが正社員になれた時代」に戻すこと。もう一つは「非正規雇用やフリーターでも、ちゃんと生きられるような社会」をつくること、つまりこの格差の存在自体はある程度認めた上で、セーフティネットを張ることで緩和するという発想ですね。そして、これまで話してきたように、僕は後者のほうが現実的だと思うんです。国際競争力の問題から言っても、戦後的な企業文化を維持して誰もが正社員になれた時代を維持するというのは非常に難しいでしょうし。

図9　非正規雇用者率の経年変化(総務省統計局「労働力調査」)

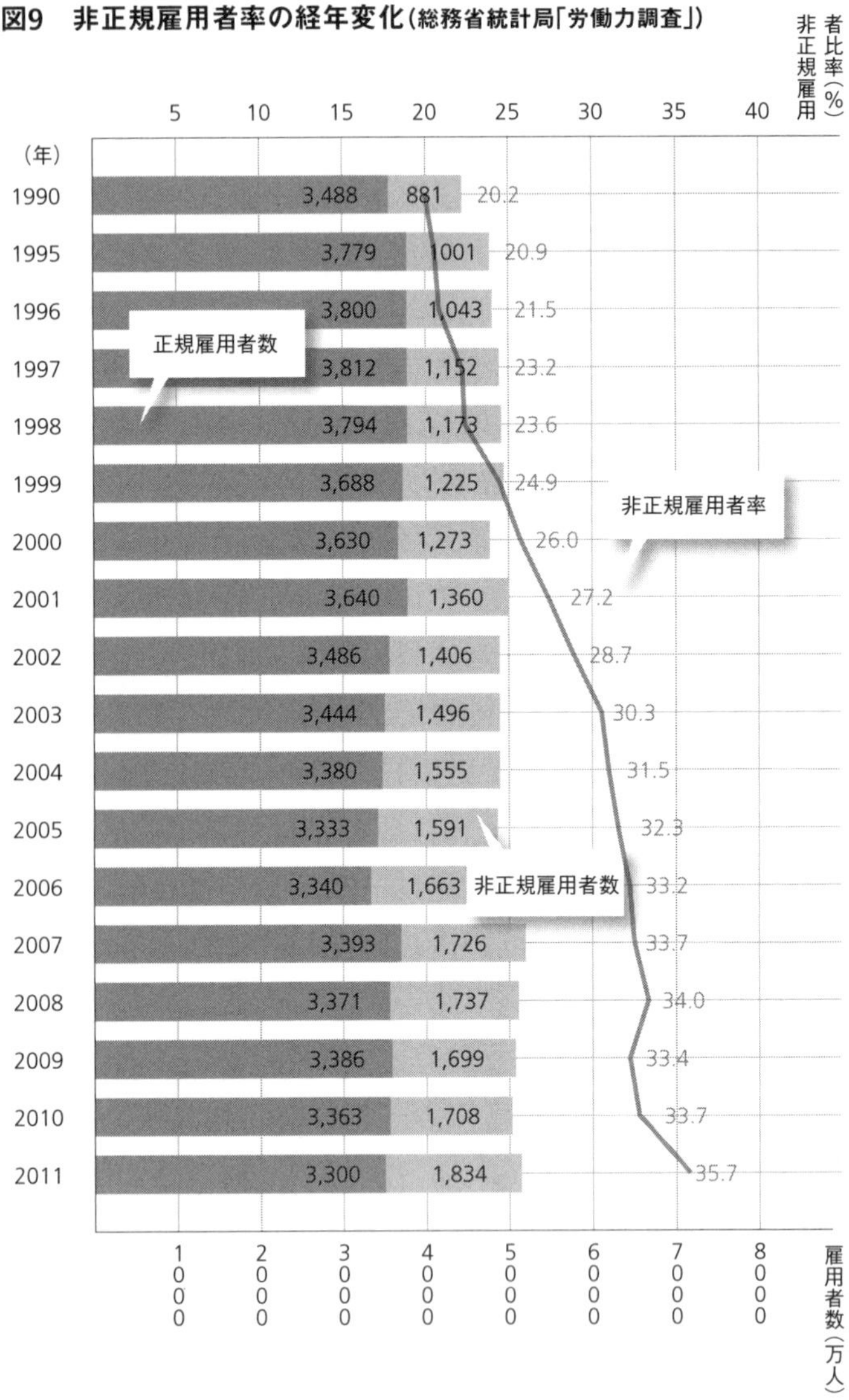

役員を除く雇用者が対象。非正規雇用者にはパート・アルバイトの他、
派遣社員、契約社員、嘱託などが含まれる。2011年は岩手・宮城・福島を除く。

石破　現実的に考えると、そうなっていくんでしょうね。

宇野　僕はもしかしたら同世代でも少数派かもしれないですけれど、働き方が多様になってきたことは一概に悪いとは言えないと思うんですよ。

僕は少し変わった経歴を持っていて、四年前に「脱サラ」するまでに何回か転職しているんですよね。京都で会社員をやっていた頃に、物書きになろうと思ってまずはインターネットで仲間を集めて、雑誌の自費出版を始めたんです。そこから商業誌にコラムや書評を書き始めて、物書きの仕事が忙しくなるたびに副業がしやすい会社に転職していった。ずっと会社に隠れて、こっそりと地下活動でやっていたんですが、最後に勤めた会社には、最初から事情を話して副業公認で雇ってもらったんです。自分は評論を書いていて、今度始める連載は本になる予定だ。だから仕事を軽めにして副業公認にしてほしいと交渉したんです。その代わり、給料は安くても構わないし、雑誌づくりなどで培った僕の人脈は全部提供するという条件を出しました。その条件を会社が飲んでくれて、僕は入社することができたんです。物書きの仕事がさらに忙しくなってきたあとは、再交渉して週三日の出勤にしてもらっているんです。この会社とは今でも付き合っているんですが、たぶんこんな働き方はバブル経済崩壊以前の日本では許されなかったと思うんですよね。

石破　それは少なくともバブル前はあり得なかった。そんなの、はみ出し社員としてだいたい

2-5　自由化

……。

宇野　粛清されますよね（笑）。

石破　粛清というか、淘汰というか……。昔、「社畜」という言葉がありましたね。語感としてはとても好きになれなかったのですが、会社に忠誠を誓い、滅私奉公的に働き、その代わりに老後まで会社が面倒を見てくれる。それはそれで楽しかったのだけれど、それも私たちの世代で終わりで、そんな人生を良しとする時代ではなくなっているのでしょうね。

宇野　「誰もが正社員になれる昔の社会に戻してほしい」という人も、今若い世代にものすごく増えているらしいです。しかし、胸に手を当てて考えてほしいと思う。いわゆる日本的経営は、会社を疑似家族的な共同体として運営してきたと言われていますよね。年功序列と終身雇用で身分を保証する代わりに、アフター5は職場の仲間と飲みに行って、休日は社宅から接待ゴルフに出かける。一日二四時間、一度就職したら墓場まで家族ぐるみで会社という「世間」に強く縛られる。お前たち、本当にそんな社会に戻りたいのか、って聞いてみたいんですよ。僕はこの点を考えても、できもしない「誰もが正社員になれた社会」の復活を目指すよりも、「非正規雇用でも生きていける社会」の構築を考えたほうがいいと思うんですよね。

石破　なるほどなあ。私は古い世代に属していますから、社員旅行なんか本当に楽しかったわけです。新入社員が準備委員にされて一生懸命企画を考え、出し物も考え、どこに行こうというので下見にも行って、バスに乗って歌を歌って酒を飲む。昭和三〇年代、四〇年代……きっと五〇年代くらいで途絶えたのでしょう。もう、ああしたことは望むべくもないのですよね。わずらわしいと感じるわけでしょう?

宇野　そういうのが好きな人もいると思いますよ。しかし、わずらわしいと思う人もたぶん石破さんの世代よりもぐっと増えているでしょうね。僕自身、職場にも友達はできたけれど、アフター5の人間関係はどちらかと言えばインターネットで知り合った趣味仲間がメインでしたしね。

石破　私は銀行に勤めはじめて、三日で辞めようと思ったんですよ。もともと不器用なもので、お札の勘定ができなかったんです。映画などでもありますよね、孔雀の羽みたいに広げてお札を数えるやつです。でも、そのままでは悔しいから、辞めるにしても、お札勘定と卓上計算だけはうまくなってから辞めようと思って、二カ月間朝七時半から銀行に行って練習したんです。そうしたら、新人試験で上位になって、全然辞める気がなくなった(笑)。そのうちに仕事が楽しくなってきました。

新規開拓係になって飛び込み営業したり、ボーナスの時期に日本橋の交差点でティッシュ配りしたり。当時は週休二日ではなかったわけですよ。土曜日は五時まで働く。日曜日だけはまるまる一日休みなのですが、日曜日になると早く明日にならないかなと本当に思いました。とにかく、会社に行きたかったし、仕事がしたかった。夜一一時まで働いて、それから終電が出るまでの間、上司と神田のガード下の焼き鳥屋さんでホッピーを飲んで焼き鳥を食べるのが無上の喜びでしたね。

でも、もうそういうのは、時代に合わないのかもしれませんね。さっき話した『ALWAYS三丁目の夕日』と同じノスタルジーなのかもしれない。

宇野　僕は会社員を数年間経験していますけれど、最初に勤めた会社の直属の上司が会社勤めをしながら文芸評論を書いて出版していた人で、僕が自分も物書きになろうと思ったのは彼と仲良くなったことの影響が強いんですよね。その人の生き方を見て「ああ、こういうやり方もあるんだ」と、ものすごく勇気づけられた。だから石破さんが今おっしゃったこともすごく分かるんです。人間は、どこかかしこかの世間に接続することでやりがいも見つけられるし、たくさんのことを学ぶことができる。けれどその「世間」を会社が担うことが今はたぶん経済的に難しくなってきたし、社会人が会社以外の世間に接続する環境も以前に比べてぐっと整ってきた。家庭でも会社でもない場所に、「場」をどうつくっていくのかは今後の社会を考える上でとても大事なことだと思います。

石破　だから、これも先ほどの「総合こども園」の問題と一緒で、重要なのは多様性を認めるしくみに変えていかなければならないということだろうと思います。昔ながらのスタイルでやりたい人はそれでやってほしい。しかし、単純に考えて長く勤めているだけで課長とか、部長になるよりは、もっと才能や実力のある人に外から来てもらったほうが、よほど会社のため、経済のため、世の中のためになるでしょう。

宇野　ずっと前に、若者の「草食化」をテーマにしたテレビ番組に出演したことがあるんですね。たぶん若者向けのサブカルチャーに詳しい人間を呼ぼう、ということでキャスティングされたんだと思うんです。そこで、「最近の若者は会社の上司や同僚と飲みに行かないで、すぐに家に帰って趣味の世界に没頭してしまう。こんな〈草食化〉してしまった若者たちが増えて、日本は大丈夫なのか」という論調になった。

これには頭を抱えましたね。申し訳ないけれど、何も分かっていない。僕はこう言ったんです。戦後の日本社会は〈雑食系〉を半ば生き方として強要してきたんだ、と。ガツガツとした〈肉食系〉は、たとえば堀江貴文さんにしたように「出る杭は打たれる」とばかりに潰してきたし、「出世にも結婚にも興味はない。早く家に帰って趣味のプラモデルをつくっていたい」という〈草食系〉は社会人失格のレッテルを貼ってスポイルしてきた。もっと言ってしまえば女性の大半には専業主婦という生き方をスタンダードとして押し付けてきた。もちろん、今まではそれゆえにうまくやってこられたのかもしれない。でも、

石破　これからは違う。だから、これからの日本は男女ともに、肉を食いたい人間にも、サラダを食べたい人間にも思う存分食べさせてやる自由な社会がいいんじゃないか。そんなに経済発展が大事なら、まずは肉食のやつらの邪魔をするのをやめるべきだと僕は思うんです。

宇野　なるほど。そう考えると、やる気と力のある人たちが存分に力を振るうことができる社会をつくることによって、そうではない人たちを引っ張っていって、セーフティネットを構築していく社会は現実的なのかもしれないですね。理屈は分かるんですが、私の世代にはさすがにそんな社会を具体的にイメージするのはちょっと難しいんです。

　でも、今の宇野さんの話を聞いていて私も実感していることがあるなと思ったのは、実際、日本の会社ってすごく無駄な時間が多いということなんです。

石破　だらだら残業しながら、半分雑談みたいな打ち合わせを繰り返していることがすごく多い。

宇野　そうそう。本社に対する言い訳を考えるための会議とかね（笑）、非生産的なんですよね。で、遅くまで残ってないと「付き合いの悪いやつ」とか「忠誠心のないやつ」とか言われてですね、企業は無駄な残業代を払わされてきたんですよ。これは良くない。

宇野　僕は五年間会社員をやって、日本の会社って本当に働いている人ってほんの一握りだなって痛感しましたね。自分が副業持ちで、いつも時間的なリソースをどう配分するかを考えながら仕事をしていたので、特にそれがよく分かるんです。八時間拘束時間があったら、実際に仕事をしているのは何時間だろうってずっと思ってましたね。

石破　逆に、九時から五時までの八時間で何ができるんだ、という考え方が蔓延しているところもあって、定時に終わらないんです。私が銀行にいた頃、夜一〇時、一一時になって、「もう帰りたい」と行員が言いだすと、支店長がすっくと立ち上がって、「馬鹿者！　お前たちが馬鹿だからこんな時間まで労働しなきゃいけない。お前たちがもっとちゃんと仕事すればこんな時間まで働かないで済むんだ」と一喝されました。さらに「電気代とエアコン代をお前たちに請求する！」とまで言いはじめて、なんて上司だと当時は思いました。けれども、今になって思うに、残業させると会社は損になるということにしないと、社会は変わらないでしょうね。

宇野　なるほど（笑）。最近、労基法が結構うるさくて上場を考えている企業などは特に残業には厳しくなってきていますね。これについては、現場からはありがた迷惑だとか、かえってサービス残業の温床になっているとか、いろいろ不満が出ていると思うんですけれど、運用はともかくその着想は悪くないと思うんです。

石破　なんらかの強制力のある枠組みを考えるべきでしょうね。デンマークでは、午前八時から午後四時までの勤労者が残業した場合、午後七時までの残業代が五割増し、それ以降は通常の時給の二倍とするそうです。これだと雇用者は人件費が跳ね上がるから残業をやらせないようにするでしょうし、残業代の所得税比率を上げることで就業者も残業をいやがるでしょうから、このくらいしないと、変わらないと思います。

2-6 女性の「生きづらさ」を社会がフォローせよ

宇野　僕は今、三三歳なんですが、会社員時代の元同僚や仕事仲間の同年代の女性たちと話していると、これまで話してきた文脈とは別の意味で「引き算」の話ばかり出てくるんですね。つまり、結婚して子どもが欲しいけれど、そうした時に発生する社会的な損失、キャリア上のダメージをどうすれば最小限にできるか、という話をしている。これはとても不幸な話で、こういう話を聞かせられると、普段は仮面ライダーとＡＫＢのことしか考えてない僕みたいな人間でさえも、なんだかんだで今の日本は男性のほうが生きやすい社会になっているんだな、もう二一世紀なんだし、これはさすがになんとかしないといけないと痛感します。はっきり言えば、子どもをもうける上での事実上のタイムリミットが女性のほうが圧倒的に早い。しかし、この不利な条件に対する社会へのケアがものすごく貧弱だなと思うんですよ。

石破　たとえば育児休業は、戻ってきた時に同じ待遇になるはずではなかったのか？　という話ですよね。

宇野　現実的にはなかなか戻れないとか、ある程度以上になると実際問題としては「辞めてくれ」に近くなるとか、空気によるプレッシャーですよね。制度的には戻さなくてはいけないのに、無言の圧力だったり、社内の空気だったりで、非常に復帰が難しいということだと思います。

石破　企業の役員における女性の割合も、女性議員比率も、日本はものすごく低い。先進国とは名ばかりなくらい、女性の労働力率自体がものすごく低いと言われています。たとえば二〇一一年のデータでは、日本の女性議員比率は一一・三パーセントと世界一二一位に留まっています。これは、男性が虐殺や内乱によって著しく減ってしまったルワンダが一位であったり、スウェーデンなど拘束名簿式比例代表制を採用している国の女性比率が圧倒的に高かったりと、いろいろな前提条件があるのですが、日本国民の約半数が女性であることを考えれば、やはり適正な数字や割合ではないとは言えると思います。

民間企業だと、二〇一〇年のデータですが、全上場企業における女性役員の割合は一・四パーセントです。また、少し古いですが、二〇〇〇年の調査では、OECD加盟国の中で、出生率も女性の労働力率も日本より低い国はスペインとギリシャとイタリアだけです。ちなみに内閣府経済社会総合研究所の調査では、女性労働力率の高い国のほうが出生

図10　OECD加盟国中24カ国における合計特殊出生率と女性労働力率（2000）（内閣府男女共同参画局「少子化と男女共同参画に関する社会環境の国際比較報告書」）

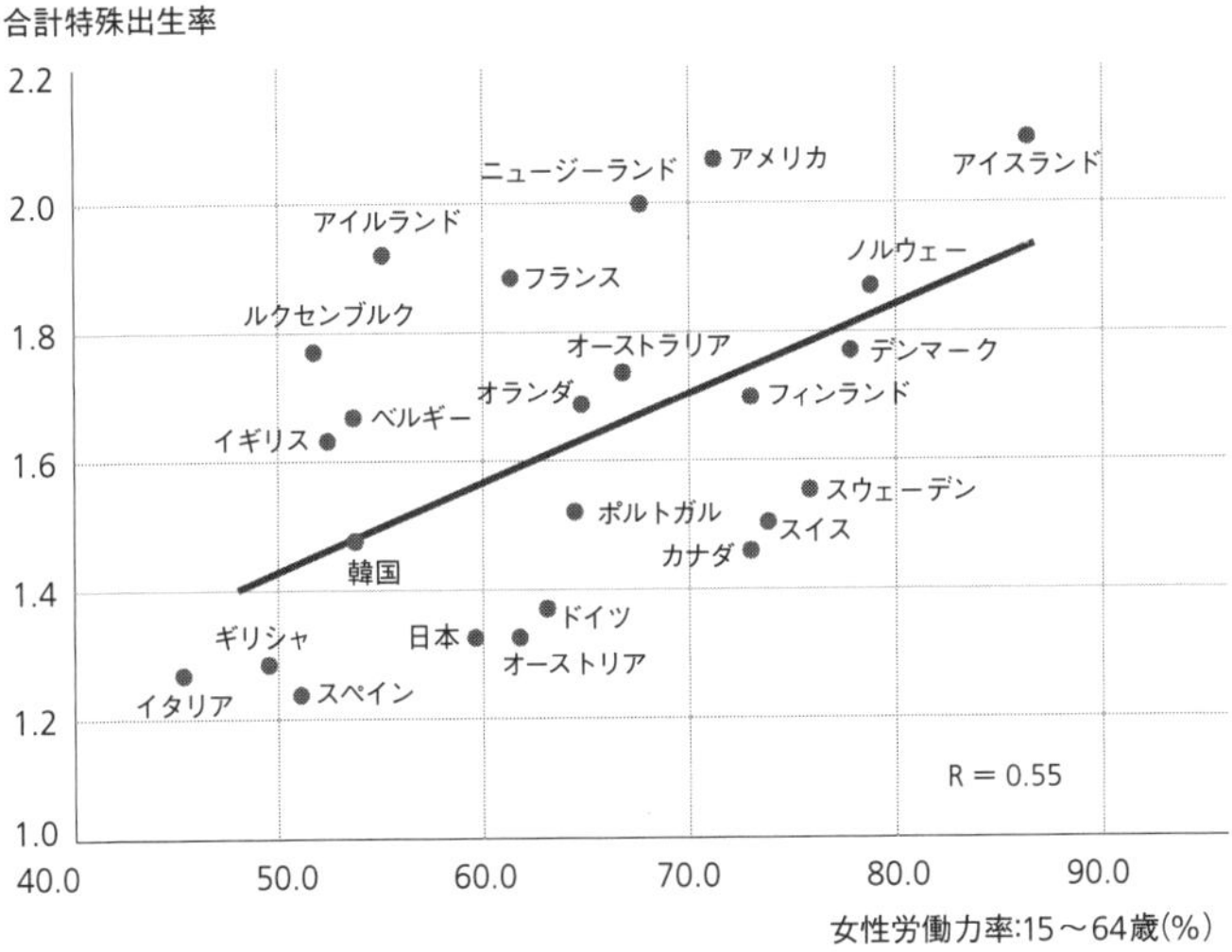

率が高い傾向がある、とされています。

宇野

スペイン、イタリア、ギリシャって……。これ、申し訳ないですけど端的に言って、滅びかけている国ですよね……。

ちょっと身も蓋もない話になりますけど、僕の周囲を見渡しても、優秀な女性がたくさんいる。けれど、明らかに男性に比べて女性が「働きづらい」世の中になっているせいで能力を発揮するのが難しくなっているケースがとても多い。こういう言い方をするのは良くないのかもしれないけれど、「こんなに能力のある人が、なんでこんな仕事をしているんだ」と思ってしまうような人が何人もいる。編集者やプロデューサーもそうだけれど、特に書き手の輩出という点でそれを強く感じます。もともと評論の世界は女性が少ない業界ですけれど、僕の少し上の年代から女性の書き手が本当にものすごく少なくなっているように思うんです。これは単純に考えて日本の社会の貧しさだと思います。男性と比較して、女性が自分の好きなことをやって自己実現するコストが高すぎるんでしょうね。

石破　これからの日本は、社会に眠っている可能性をどんどん起こしていかないといけないはずなんです。そして私の考えでは、優秀な女性が存分に働くことができる環境を整えることが絶対に必要だと思っているんですよ。私の日々の実感としてね（笑）。

宇野　先ほどのこれからの働き方の話にも通じますけれど、僕は日本人の男性をもっと会社から解放することが重要なんじゃないかと思いますね。

石破　男性を会社から解放し、きちんと九時に来て五時に帰る。遅くまで働いても効率は悪いし、コストはかかるし、人間として豊かにならないし、良いことは何一つない。会社が終わったあとに自分は何をしていいか分からない、そういう状況の人をつくってはいけないんですよ。それに、既婚女性が夜一〇時、一一時まで働くのは難しいでしょう。そうすると、「付き合いが悪い」とか言われて、肩身が狭くなるわけです。九時から五時まであれば本当に能力の勝負ですから、女性のほうが能力が高いケースは多いはずですよ。それを生かし切っていないというのは、考えれば考えるほど男社会の変な文化なんです。

宇野　男性サラリーマン社会が変わらない限り、この状態は改善しませんよね。だとすると、この問題は先ほど話し合った新しい労働文化の育成とセットじゃないと意味がないことになる。労基法改正も視野に入れて、企業文化への積極介入が必要だということですね。

石破　試験や面接などの結果にまったく手を加えなければ、合格者のほとんどが女性になってしまう、というのはわりとよく聞く話です。今はどこかでその「文化」に配慮しているのか、ある意味、結果を曲げてまで男性を優遇しているとも言える。単純に「優秀な者から採用する」というルールを徹底するだけで変わるのかもしれません。

因数分解して考えてみると、GDPを構成する要素は労働者の数と設備投資の額と教育の質の三つなわけです。そうすると、GDPを上げるには労働者の数を増やさなくてはなりません。人口減で労働者が減っていくのだから、女性にもっともっと社会参画してもらうほうが早いわけです。特に、日本の女性は教育水準が高いですから。つまり、女性が社会参画しやすい環境をつくることは、GDPを上げることなのだという論理、それが労働人口を増やすための一番の処方箋です。もし企業文化がそれを阻んでいるとすれば、国家がそれを変えていかなければならない。なぜなら、それは国のためだからです。

宇野　「国家のために」男性を会社から、女性を家庭から解放せよ！　というわけですね。『正論』とかの読者はどう反応するんでしょうね（笑）。

開国

2-7 独禁法改正も視野に入れた企業統合で、デフレからの脱却を

宇野　石破さんは経済成長なくしてサスティナビリティの回復もあり得ない、とおっしゃっていました。しかし景気浮揚策と言ってもピンからキリまであると思います。そしてこの本を手に取った人が石破さんに伺いたいのは、どちらかと言えば、どうやって向こう半年や一年の景気を良くしていくのかということじゃないと思うんです。たぶんもっと射程の長い話をしてほしいと思っているはずなんですね。戦後的な「護送船団」方式の「ものづくり」でやってきた時代から脱皮しなければいけないのだとしたら、どんなシナリオがあるのかを一〇年、二〇年、いやもっと長い射程で考えたお話をしていただきたいんですが、いかがでしょうか。

石破　なるほど、それは難しいですね（笑）。しかしよく分かりますし、必要なことだと思います。

まず、今の日本の企業が戦わなければならないのは、国外であって国内ではないということです。そのための環境整備が追いついていないと思っています。もちろん業態にもよりますが、合併などによって資本集積を進めている海外企業に対して、日本は国内に企業が多すぎ、結局お互いに叩き合い、潰し合いのようなことになるわけです。これはデフレの大きな原因の一つでもあると思います。海外の巨大企業に立ち向かうには、独占禁止法の見直しも含めた環境整備が不可欠ではないでしょうか。

宇野　独禁法改正も視野に入れた、淘汰や統合はもっと進むべきだ、と。それは第一部で出た「自由化」「開国」「国民主権の再設定」という「三つの柱」の一つ「自由化」のお話ですね。

石破　はい。しかし、それ以上に大事なのが日本の産業が本当の意味で外側に「開いて」いくことだと思います。

私は今の日本社会は実は非常に内側に「閉じて」いる社会だと思っているんですよ。それも最初からそうだったんじゃなくて、宇野さんの言葉を借りれば「ＯＳの壊れたまま」迷走を続けた結果、こうなってしまった。

たとえば日本のGDP全体に占める輸出の割合はOECD三四カ国中第三三位。日本が海外で稼ぐ割合はだいぶ下がってしまっています。海外に出ていく企業は、円高だから外国に出るのではありません。そこに需要があるから行くわけです。

需要があれば、企業はそこに出ていって稼いできます。私たちはむしろ、その金をどうやって国内に還流させるか、ということについて税制の優遇措置を講じるなど、国内に投資させるしくみをつくるべきなんです。

宇野　そこで二つ目の柱の「開国」につながるわけですね。経済成長と構造改革を両立するためには、国内の限られたリソースだけで考えていちゃいけない。引き算の志向に陥らないためにも、本当の意味で日本は外側に「開いて」いく必要がある、と。

石破　そうです。インドに行ったらインドに向いた車をつくる、バングラデシュに行ったらバングラデシュに向いた車をつくる。いくら良い車だからといって、フル装備の日本の高級車を持っていっても、需要がなければ売れません。その国へ行ってその国の人を雇用し、その国に一番合った製品をつくって、日本企業が稼ぐ。それは、本来日本人のもっとも得意とするところであったはずです。

ところが、バブルを経てから、日本企業にはハングリーさがなくなってしまったように思います。商社の役員の方から、よく「海外赴任したがらない商社マンが多い」という話

図11　各国のGDP全体に占める輸出の割合(2010)
(総務省統計局「世界の統計2012」)

輸出依存度(%)	国名
38.5	ドイツ
26.4	ロシア
24.5	カナダ
21.8	イタリア
20.0	フランス
18.3	イギリス
14.1	日本
8.7	アメリカ合衆国

を聞きます。やはり海外に出ていって、現地のニーズを発掘していかなければいけませんよね。

宇野　それがたとえば第一部でおっしゃっていた、「国際市場で戦える農業」を育てようという発想につながっていくわけですね。

石破　そうです。そしてこれも先ほど申し上げた通り、農政に限ったことではないはずです。戦後の社会とは違ったかたちでどうこの国を外に「開いて」いくのかを考えることが、私はこれからの日本を考える上でのベースになっていくと考えています。

宇野　僕の専門分野で言えば「クールジャパン」という言葉があります。これは経済産業省の造語で、非常に評判が悪い。この造語をキャッチコピーに展開された一連の動きは、あまり実態を分かっていないまま、日本の漫画やアニメ、ゲームといったオタク系文化を海外に売り出していこう、と旗を振ってしまったために、国内のファンからとても寒々しいものとして映ってしまったところがあります。

しかし、やはり日本のオタク系文化や、「カワイイ」という日本語を海外でキーワード化させた一部の女子ファッションの文化など、日本のポップカルチャーには非常にユニークで、輸出価値の高いものがたくさんあることは間違いないと思うんです。たとえば、英語で人名をインターネット検索しても、日本人のクリエイターでたくさん引っかかるのはオタク系文化のクリエイターが圧倒的に多い。この分野の力をどう生かすのか、ということは僕もよく考えますね。

ただ、こうした日本のポップカルチャーの多くが、コミックマーケットというイベントや、昔の原宿の若いファッションリーダーたちのコミュニティなど、インディーズのクリエイターたちが濃密に交流できる「場」があって初めて成立していたと思うんです。今では特に前者がニコニコ動画やpixivといったインターネット上のコミュニティサイトに拡大することで、地理的な制限から解放されて全国に拡大して、この種の文化の隆盛を支えています。ここに集う彼らは、好きな漫画やアニメをネタに延々と交流を続けるディープなマニアであると同時にインディーズの作家でもある。「クールジャパン」はこうした日本独特の文化コミュニティあってのものだということはとても大事だと思うんです。つまりはコミックマーケットやニコニコ動画で培われた独特のコミュニケーションが、結果的に優れた作家や作品を生んでいる。
　何が言いたいかと言うと、「日本的な想像力」の本質にあるのは、実は作品や製品という「モノ」ばかりじゃなくて、ちょっと変わったコミュニケーションの様式なんじゃないかということなんです。たとえば今挙げた「ニコニコ動画」は日本的に、ガラパゴス的に発展した非常にユニークなサイトとして知られています。そこでのちょっと変わったオタクたちのコミュニケーション空間が、ユニークな作品やキャラクターをたくさん生み出している。同じようなことがたとえば戦後企業の「カイゼン」という文化にも言えるかもしれない。あれも、今風に言えば日本的なコミュニケーションを用いた集合知のシステムですからね。もしかしたら日本はモノや作品だけじゃなくて、むしろこうしたコミュニケーション様式やノウハウを輸出できるんじゃないかな、とも思うんです。欧米やアジアに運営会社が進出して、現地でニコニコ動画が展開されることは、アニメ自体が売れるよりも重要かもしれないと思います。

石破　なるほど。アップルを例に出すまでもなく、ビジネスモデル自体を輸出するという発想は、これから絶対に必要ですね。だとするとその逆に日本に外国の企業が来てもらうという発想も大事になってくるでしょう。たとえば「ベンツ日本工場」とか、「BMW日本工場」を見たことがありますか？　子どもの頃から不思議に思っていたのですが、ベンツ日本工場も、ＢＭＷ日本工場も、あるいはフィリップス日本工場でもいいんですが、まったく見たことがない。日本の製造業は世界中に工場を持っているのに、なぜ外国から工場は来なかったのでしょう。労働者を連れてくるのも一つのやり方ですが、雇用をつくる場、つまり外国企業はなぜ日本に投資をしないのか、ということを考えていかないと、結局ＧＤＰが上がることにはなりません。

　日本を国際化するというのは、企業の日本への投資を増やすという意味もあります。日本のＧＮＰはある程度伸びているのにＧＤＰが伸びないのは、海外から投資がないからです。そこには、必ず理由があるはずです。

宇野　一つは、人件費の問題もあるでしょうね。

石破　それもあるでしょう。でも、発展期のアメリカはどうでしょう？　日本企業でも、日産やトヨタは、アメリカに工場をつくりました。なぜ日本の会社はアメリカやヨーロッパに出たのでしょうか。当時、賃金は向こうのほうが高かったはずです。それでも日本の自動車会社にせよ家電メーカーにせよ、一時期は欧米に工場をつくっていました。ですから間違いなく、ここには何かがあるわけです。

宇野　外国から見た時に、「不透明な参入障壁がある」という議論にすぐされてしまいますね。

石破　それについても、日本側から明確に説明するのは難しい部分があるんじゃないでしょう

図12　アジア各国の法人税と付加価値税
（財務省「G7、アジア諸国における法人税率・付加価値税率及び負担率」より作成）

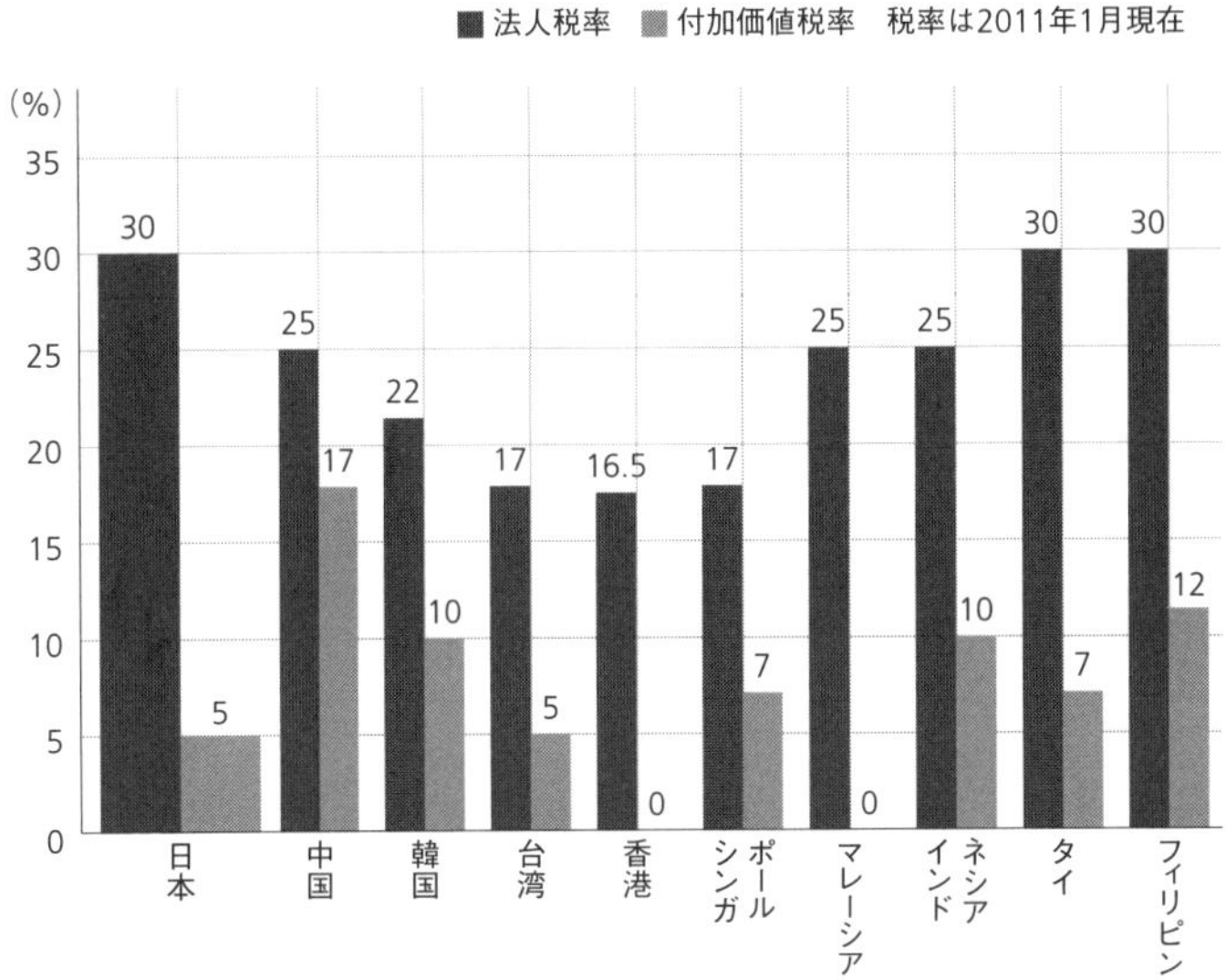

か。この国には、何か海外が投資しにくい理由があるわけです。その理由の一つが法人税であれば減税しなきゃならない。あるいは設備投資減税でもいい。実体経済から乖離した金融経済が跋扈《ばっこ》するのは「ものづくり日本」にとっては特に避けなければなりませんが、少なくとも海外との競争をする上でのイコールフッティング（同等の条件）は政策として考えなければいけないでしょう。

　日本国内の外資系企業は非製造業の割合が高く、また外資系の日本国内の設備投資額も、二〇〇七年は一・五兆円あったのが、二〇〇九年には三分の一の〇・五兆円に激減しています。外資系企業のアジア本社の割合も、シンガポール二四パーセント、中国二三パーセント、香港一九パーセント、台湾七パーセント、韓国七パーセントなどに比べて日本は六パーセントしかありません。

このアジア地域においては、各国が投資誘致合戦を繰り広げています。すでに法人税減税（日本三〇パーセントに対してシンガポール一七パーセント）、設備投資減税などは、ゼロつまり「税金タダですから来てください」という国も珍しくなく、競争は激化する一方です。人材育成という点でも、シンガポールなどでは小学校から本格的な英語教育をし、あるいは金融やマーケティング論を授業に取り入れているのに対して、我が国ではこれらのライバル国と同じ土俵にすら立っていません。

最終的には、名目ＧＤＰの伸び率が金利の上昇率より大きくならないと、国債の金利上昇分を吸収できないので、財政は再建できません。ただ消費税を上げるだけではダメなんです。せっかく景気が良くなり、設備投資が伸び、資金需要が増えても、国債の金利負担に財政が耐えられなくなって、国が潰れるというとんでもないことが起きてしまう可能性だってあるんです。

ＧＤＰを上げるというのは、付加価値の総和を上げるということです。付加価値をつくるのは企業であって、個人ではない。だから、海外の企業が日本に参入するための法人税の負担を減らし、もっと雇用を増やすべきなんです。

宇野　景気回復は、長期的な産業構造の転換、外需で稼ぐというスタイルへの転換を伴っていなければ意味がないということですね。

石破　「転換」というより、「お家芸を取り戻す」といったところでしょうか。要は国内でも国外でも、稼げるところできっちり稼いでくる、という環境になってないのではないかということです。二〇一二年の二月、日銀が「当面、消費者物価指数で前年比一パーセントの上昇を目指す」と発表し、事実上の「インフレ目標《ターゲット》」を採用しました。このように、インフレを安定的に誘導しようという政策をリフレ政策と言いますが、あくまで対症療法に留めておくべきです。インフレのコントロールに失敗すれば大変なことになるからです。

今、日本の国債残高は七〇九兆円に上っています。この巨大な借金を帳消しにするもっとも簡単な方法は、大インフレを起こすことです。しかし、数字上の借金はあっという間になくなって政府は万々歳かもしれませんが、国民生活は大打撃を受け、貯金してきた人はほとんどそれが紙くずになってしまいます。私的年金など、このようなインフレについていけるはずもありません。実際、日本でも一九四五年一〇月から一九四九年四月までの三年六カ月の間に、物価が一〇〇倍になったことがあります。経済は一からやり直し。ですから、いわゆるリフレ政策は、二日酔いの朝に迎え酒を飲んで元気になろうと言っているようにしか、私には思えません。

宇野　僕は低コストで切れるカードはどんどん切っていったほうがいいと思っているので、適度なリフレ政策は全然アリだと思うんですけど、今の話を前向きに解釈するなら、逆に、一瞬元気になった瞬間の、その余裕を大切に使えという話ですよね。

石破　そうです。リフレ政策が効いている間に、可能な施策は全部実行しないといけない。何度も言うように、私たちに残されている時間は少ないのです。

2-8 「競争する農協」で、国際市場で戦える農村都市を

宇野　僕はたとえばTPPへの参加の是非をめぐる議論を聞いていて疑問に思うんですよ。TPPへの参加に反対している人たちは、TPPに参加すると日本の一部の産業、たとえば農業のすべてがめちゃくちゃになってしまうと主張していると思うんですが、単純に考えて今の日本の農業がいい状態にあるとはとてもじゃないけれど思えないんですよね。僕の父方の親戚に兼業農家がいるんですが、商売として先は見えないし、後継者はいないし、今はいいのかもしれないけれど、まったく未来につながるシナリオが見えない。それこそ、サスティナビリティがまるでない状態だと思うんです。この状態を国家が保護しても意味がないんじゃないか、と思うんです。だからTPPに今すぐ参加しなければいけないという話にはならないのかもしれないけれど、やはり先ほど石破さんがおっしゃったように、外国から入ってくる農産物に高い関税をかけることが日本の農業を保護して育てる

ことだという考え自体に限界があるんじゃないかって思うんです。

石破　現状をどう捉えるかで、改革へのマインドセットが変わるんだと思います。誰がどう見ても、今の日本の農業がすべてうまくいっているとは思えません。けれど、今のビジネスモデルを前提としている農業団体が、そのモデルの中でいかにうまくやっていくかを考えるのはいわば当然のことで、それを非難するだけでは何も変わりません。

私がまだ若い頃、地元の農協の幹部の方が「農協は単独で候補者を当選させることはできないが、落選させることはできるのだ！」とおっしゃっていたのをよく覚えているのですが、それは実際その通りだと思います。農協だけで当選に必要な票を全部集めることはできませんが、「○○候補は農業に理解がない」と宣伝流布させれば、あっという間に相当の票が減ってしまい、候補者が落選の憂き目を見る可能性は高いのです。

ビジネスモデルの基本に、今のコメをめぐる諸制度がある。だから私が農林水産大臣の時に「生産調整を見直す」と発言しただけで大批判を浴び、真偽のほどは知りませんが、「こんな史上最低の大臣は早く辞めさせろ！　農林大臣はすぐに替わるが、自民党農林族は永遠なのだ！」と言った議員がいた、と新聞で読みました。しかし永遠であるべきは大臣でも農林族でもなく、日本農業と農村です。

宇野　石破さんは、第一部でも伺いましたが、日本の農業は国際市場に打って出て、外貨を稼ぐ産業に成長できるポテンシャルが非常に高いとお考えなんですよね。

石破　私は何も難しいことを主張しているつもりはないんです。繰り返しになりますが、農業というのは土と気温と水と日照の四要素で決まると言われていて、日本はこのすべての条件に恵まれているんです。気候は温暖で、日照時間はヨーロッパの四割増し、土はきわめて豊かで、春夏秋冬まんべんなく雨が降る、こんな環境は世界中どこにもありません。毎日雨が続く雨期と、まったく雨が降らない乾期に二分されているとか、冬になると日照時間が極端に短くなるとか、そういうことがありません。それに加えて、日本の消費者は世界で一番厳しい目と舌を持っている。ですから、専業もしくはそれに近いかたちで農業を営む生産者はすごく練磨されていて、品質では世界有数のレベルになっているんです。

宇野　そうですね。今は、放射能の問題が出てしまっていますが。

石破　それは、地道に科学的なデータを示していくしかないでしょう。すでに自治体や生産者の方々が取り組んでおられますが、風評被害については第一義的に東電が、最終的には政府が責任を負うとともに、自治体や生産者任せではなく、政府として安全性の検証やその理解を広めるために、もっと努力しなくてはなりません。

宇野　いわゆる「農協カルテル状態」を脱して、開国を前提にグローバル市場に攻める農業というものを再設計していくということですね。

石破　今、すべてが「鎖国状態」というわけではありません。コメなど一部を除けば関税は相当に下げられているか、もしくは撤廃されていますのでね。しかし、土地利用型の作物であるコメに関する政策が今のままでは、農業も農村も展望が開けないということです。

まず、一番大切なのは、やる気のある人に農地と資金が提供されるよう体制を整備し、流通機構の改革をすることです。その一方で弱いものを切り捨てることがないよう、条件が不利な地域の農業にもきめ細かく対応しなくてはなりません。消費者が、正しい情報によって、安心して、食品が購入できるように生産―流通体制を見直すことで、消費者と生産者が共存共栄する農林水産政策を確立する必要があります。

そうすることによって、農協の姿が今とはずいぶん変わってきます。経営意識をさらに高めた農協が、農業を強くしていくことに力を発揮するようになることが大切です。

もう一つの視点は、「地域の担い手としての農協」という考え方をもっと重視すべきだということです。政調会長の時にこの考えを示したら、「やっぱり農協擁護か」との批判をいただきましたが、市町村のいわゆる「平成の大合併」によって地域の力が落ちてしまったことは否めません。大合併以前は、小さな町や村にも役場があって、首長と議員がいて、どこで何が起こっているか、どうすればいいかが把握できていましたが、今はそれができなくなってしまいました。しかし今さら元に戻すわけにもいきません。そうなると、農協や、土地改良区や、農業委員会など、まだ残っている組織の活用を早急に検討する以外に方法はないのではないでしょうか。もともと農協の理念は「一人は万人のために、万人は一人のために」というものであり、これこそが地域再生の理念であるべきです。

農林水産大臣の時、全中（全国農業協同組合中央会）会長を務めておられた茂木守氏の出身農協であるJA佐久浅間を訪ねたのですが、この農協のあり方には強い感銘を受けました。レタスの栽培は生産から品質管理、そして販売まで徹底したもので、高所得農家がたくさんある。経営する総合病院は、規模において長野県随一であるばかりでなく、医師も看護師も辞めていく人がほとんどなく、在宅の患者の状況を正確に把握し、病院のベッドではなく畳の上で人生の最期を迎えられるように努めている。ちなみに、長野県の平均寿命は男性が全国第一位、女性が第五位、医療費があまりかからないこともよく知られています。私が「どうして辞める人が少ないのか、どうして在宅患者の状況を把握できるのか」と尋ねたところ、「協同組合の理念とはそういうものだ」との答えが返ってきた時の印象は鮮烈でした。

もちろんすべてがそんな美しい話ではないのでしょうが、地域を担う理念とはそういうものではないか、とその時からずっと思っているのです。それを具体化しようと「地域マネジメント法案」というものを農林水産省でつくり始めたのですが、政権交代でお蔵入りになってしまいました。

経営意識の高い農協にしても、地域の担い手にしても、新たな農協の姿は、農業協同組合法の改正による他はありません。改正案を示すこともなく、ただ農協を批判するばかりでは、何ものごとは前に進まないと思うのです。

2-9 「開国」で、日本という枠組みを問い直す

宇野　今お話しされた問題は、単なる産業構造の問題に留まらないと思うんです。先ほど、農協には国会議員を落選させる力があるというお話がありましたけど、それは戦後の保護貿易的な農政が日本の地方の社会構造をかたちづくっていたからだと思うんですね。要するに、田中角栄的な公共事業を通した地方への利益誘導が、土建屋を中心とした集票装置として機能していたように、農協を中心とした一次産業の地方コミュニティもまた、保護的な農政による間接的な利益誘導を通して旧来の自民党の集票装置になっていた。石破さんの今のお話は、現状の農協的なコミュニティを活用することで、地域社会の空洞化に抗うというビジョンだったと思います。しかし、この改革案にしても、こうした現状の地域社会の構造と自民党との密度な関係がかえって仇になってしまい、容易には進められないと思うんです。

だとすると、本当に必要なのはもう一歩踏みこんで、旧自民党の支持基盤になっていた戦後的な地方社会そのものにメスを入れて、解体して、そして再編成してしまうことではないかと思うんですが……。

石破　社会の構造自体が変わってきているのだから、自民党もそれに合わせて変わっていかなければならないのは当然のことです。今までのモデル通りにやろうとしてきたところに、自民党が衰退した一番の原因があったのではないでしょうか。私自身が典型的な農林水産業を基盤とする地域を選挙区としているからこそ、そう思うんですね。地域が持っているポテンシャルを生かすためには、こちらが変わらなくてはならないんです。そのために「国際化」を一つの手段として使いたいのです。

宇野　なるほど。それにしても石破さんのおっしゃった一種の「開国」によって地方を再生するというのは、あまり言われていない議論だと思います。そのユニークなアイデアは、もっと遠慮せずに打ち出してもいいと思いますけどね。

石破　「開国」という言葉は誤解されやすいので、「開国か鎖国か」という二者択一の議論には立たないのですけれど、ただ、私は今の日本を立て直すためには、日本の中に閉じたまま、大きくならないパイをどう分けるかという話をしていても仕方がないと思うんです。今、私は農政の話をしましたけれど、あらゆる分野に同じことは言えるのではないかという思いがある。たとえば、今の日本の農業がものすごくたくさんの外国人労働者に支えられているという現実がある。彼らの存在をきちんと認識して、どう一緒にこれからの日本や地域社会をつくっていくのかという話をしないと始まらないはずです。

宇野　それはつまり、移民は避けられないという立場ですか？

石破　移民を前提に考える必要はないと思います。まず女性労働力の活用とか、国内の労働力を活用するためにいろんなことをやってみるのが先です。しかし、すでに受け入れてしまっている外国人をどう扱うかは、移民政策を議論するはるか前の話でしょう。国交だ、国益だと我々は言いますが、結局最終的な国と国との関係を左右するのは、意外と個人的な体験や経験に基づくものです。だからこそ、今すでに日本にいる外国の方々には、そのまま住むにせよ、帰国するにせよ、「日本はいい国だ。行って良かった」と思ってもらわなければ意味がないと思うのです。もちろん、それは言語の問題とか、生活の問題の話であって、政治参加についてはまったく別の議論です。「日本は日本人だけのものではない」などと軽く言うなど論外です。しかし、今すでにいる外国人との共存も図れないでいて、「移民を入れたらどうなるのか」などという議論をするのはナンセンスだと私は思います。

宇野　なるほど、石破さんのおっしゃる国際化とは、まず、すでに出現している現実に対応すべく、産業構造や地域社会の問題を通して、日本というものの枠組みそのものを問い直すことなんですね。今の閉鎖的な日本社会のまま、開国だ、移民受け入れだ、と言ってもまずうまくいかない、と。

石破　そうですね。たとえば簡単に「もう日本は鎖国すればいい」という極論もある。今、日本がそこそこ国内で完結できていて、まあまあ国民も食べていける、というのであれば、それも選択肢の一つかもしれない。しかし私たちはあらゆるものを海外から輸入して、それを当たり前のこととして生活している。それもエネルギーという根本的なものをです。仮に一切の貿易をやめたとしたら、国民に江戸時代並みの生活を強いることになる。それが責任ある為政者の態度ですか？　私は違うと思います。

たとえば、東電福島第一原発の事故で、福島県内の農園で働いていた中国人労働者はほとんどが帰国してしまった。そんな中で、中国の人たちを単純労働者として位置付けるのではなく、一緒に農業をやる仲間として受け入れていた農園だけは、労働者が帰国せず日本人農家とともに働き続けたんだそうです。テレビで見ただけですから本当かどうかは分かりませんが、そういう連帯感を持って一緒に仕事してきた仲間は、あんな時でも逃げない。私はこのエピソードに、これからの日本の地方、農村を立て直すヒントがあるんじゃないかと思うんです。地方の再生をしなければならないという時に、人口が減るのだから移民を入れよう、という議論は当然出てくる。すでに経団連などでもそうした意見が出ていますね。ただ、私の考えでは、単純に「安い労働力を輸入しよう」という発想では絶対にうまくいかないと思うんです。

　農業を一生懸命やろうという人が一人前になるには、五年かかります。逆に言えば五年あれば一通りのことを覚えることができる。そして、日本で農業を学んだ彼らが実際に農場を経営できるようなしくみにしておくことが大事なんです。インターネットを使えば現在の市況は分かるから、何が売れるか予測できます。気象予報も見られるし、いろいろな知識も身につくし、そうなったら誰からも使われないで農業経営ができる。そういうしくみであれば、海外からも優秀な人材はやって来ます。今のカルテルのような農業では絶対に優秀な人は来ない。繰り返しますが、これは農業に限らず、さまざまな分野にあてはまることだと思います。本当に日本で農業を成功させたいという意欲も能力もある人であれば、外国からでも受け入れるべきです。そうやって新しい農業のモデルをつくっていけば、日本の若者で、農業をやりたいという人も出てくるでしょう。

　そういった外国の人たちとの協働の可能性を示す例があります。二〇〇二年から二〇〇四年まで、日本政府は東ティモールにＰＫＯ任務で自衛隊を派遣しました。陸上自衛隊の施設部隊を中心に、延べ二〇〇〇人以上を派遣していました。二〇〇四年になると、国連の活動も終結することになっていたので、自衛隊も引き揚げるかという話が出ていたのですが、その年に、独立したばかりの東ティモールの大統領が防衛庁（当時）にやってきました。防衛庁に国防大臣が来たことはありますが、国家元首はそれまで一度も来たことがなかった。シャナナ・グスマンという当時の大統領で、今は首相を務めています。「自分は今まで独立運動をずっとやってきて、亡命もした。いろいろな国の軍隊を見たけれど、こんなに規律正しくて、地元住民と共に笑い、共に泣き、共に汗するのは日本の自衛隊だけだ。『これやっとけ、あれやっとけ』ではなく、『こうやってやるんだよ』と言って、たとえば鉄条網を敷設するのも一緒に血だらけになってやってくれた」と。「東ティモールの独立にあたっては、是非日本人のそうした規律を学びたい。ついては自衛隊を引き揚げないでほしい」と言うわけです。

同じことは、二〇〇三年にイラクに自衛隊を派遣した時にもありました。ある日、「大臣、とうとうイラクでデモが起きました」と報告を受けたので、私はてっきり「自衛隊は帰れ」というデモだと思いましたが、「そうじゃありません、『自衛隊は頼むからいてくれ』というデモです」。日本人は、共に笑い、共に泣き、共に汗するという素地を持っていると思う。移民を入れても、「お前らだけ働け、俺たちは楽をするぞ」ということにはならないと思います。

宇野　石破さんのビジョンが見えてきたように思えます。まずは現在の農協カルテル的なもの、あるいは土建屋へのバラマキに依存した地方社会を脱して、大規模な輸出産業として一次産業を再編していくこと。そしてその担い手として将来的には移民の受け入れをも視野に入れた新しい地方のコミュニティを、ひいては新しい「日本」の枠組みを考えていくということですね。

それは大変魅力的な、ワクワクするビジョンだと思います。しかしその一方で外国人参政権の問題をはじめとして、実現には議論を呼ぶ問題が山積していると思うのですが、これについてはいかがですか?

石破　私は外国人参政権には賛成しません。外国人労働者を受け入れるということと、彼らに主権者としての地位を与えるというのはまったく別の話です。それは、参政権は選挙権と被選挙権のセットだからです。選挙権だけあって被選挙権がない参政権はあり得ない。必ず被選挙権を与えようという話になってきます。

私は、最終的に二つの国家に忠誠は誓えないと思います。地方参政権だけなら良いではないかという話もありますが、国のいろいろな施策でも、たとえば今度の原発問題もそうですが、地方がうんと言わなければ国の政策が決まらないことがあります。これもよく言われる話ですが、たとえば人口が五〇〇〇人しかいない村だと、村会議員は二〇〇票くらいで当選するわけです。二〇〇票だったらトップ当選かもしれません。その時の一票は、すごく大きい。国家がその村に何か施設をつくりたいという時に「絶対反対！」なんて言われたら、それができなくなってしまうわけです。

地方政治と国政は、ものすごく密接に結びついているので、「地方ならばいいだろう」という話にはならないと思います。日本国に忠誠を誓う人もいるでしょうが、別の国に忠誠を誓われて、そちらに有利なように日本の参政権を使われてはたまりません。税金の使い道を決める権利があるというのはその通りですが、それは、「それなりのサービスは受けているでしょう」ということになると思います。

宇野　サービスは解放されているべきだけれど、実際に参政権となれば、国家の根幹をなす部分に触れるので慎重になるべきだというお考えですね。その場合、国籍の取得というのを今より容易にすべきだとお考えですか？

石破　「容易」と一言で言っていいのか分かりませんが、心から日本を好きになって「日本人になりたい」と思ってくれる人を排除するようなしくみであってはは意味がないとは思います。

宇野　帰化というオプションをもっと活用できるようなしくみにすることで対応していくということですね。僕は外国人参政権をなんらかのかたちで認めることを通じて、石破さんのおっしゃる日本の「枠組み」を再設定する道もあるかと思います。その一方で、移民だ、参政権だという以前に、この閉じた日本社会には変えなきゃいけないところが多いというご指摘は、その通りだと思います。

石破　先ほど、移民を受け入れるということと、彼らに主権者としての地位を与えるというのは別の話だと言いました。

クウェートなどに行ってみると、移民ではありませんが、外国人労働者がたくさん働いている。いわゆる出稼ぎです。「クウェート国民」というのはほとんど石油利権から得た資産で十分生きていけるから、自分たちは働かないんですね。

今から一〇年くらい前の話ですが、クウェートに行く機中で一応乗っていたファーストクラスで、クウェート人のお金持ちの一家と乗り合わせました。しかしそのマナーの悪さには驚きました。子どもたちが騒いでゴミを散らかして歩いていても、親はまったく叱らないんです。そして、出稼ぎで来た「召使い」みたいな人たちが、全部そのゴミを拾って歩いている。こんな「移民」や「出稼ぎ労働者」の使い方では国を良くすることはできないな、とつくづく思いました。

宇野　そうですね。単に「安くて若い労働力」としてしか外国人居住者を捉えられないのでは意味がない。それはかつての植民地主義と何ら選ぶところがなくなってしまう。しかし、これからの、いや、すでに進行している現実にそんな発想で対応できるわけがないですからね。

2-10 「方法としての道州制」で、自立した地方経営を

宇野　これまで議論してきた「開国」による新しい日本、新しい「地方」の姿はとても魅力的だと思います。けれど、それを実現するためには地方自治というもののかたち自体を大きく変えていく必要があるように思えるんです。たとえば、これまで話してきたように地方の産業構造を変えていくと言っても、既存の産業構造の背景には国から地方にお金が流れていくしくみがあるはずで、これをどうにかしない限り絶対にうまく行かないと思うんです。だから、これまで話してきたような産業構造の転換とセットで、国と地方との関係、もっと言ってしまえば地方自治の体質を変える必要があると思うんですが。

石破　率直に言って、こうした問題の背景にあるのは「お金」です。

厳しい財政の中で、それをどういう優先順位で使うかを考えるのが財政民主主義です。ところが、地方自治体の議会での議論というのは、国からの補助金が出る事業は何か、あるいは交付税で裏打ちされて、地元の負担が少ない事業をいかに持ってくるかということ

に知恵を絞るわけです。歴史としてずっとそうでした。議会だけでなく、町長、市長、知事の腕の見せどころもそうでした。一方、「俺に頼めばあの補助金を取ってやる」というのが、中央官僚や国会議員の強みだったわけです。ですから、田舎の田んぼの真ん中に巨大シンフォニーホールが建つと、「良かった、良かった」とみんな言ったわけです。しかしそれは、国にお金が潤沢にあった時代の話です。今は、「これだけしか金はない。どう優先順位をつけて使うか」ということが、自治体で議論されなければなりません。

　小泉改革の一つに「三位一体の改革」というのがありました。「地方にできることは地方に、民間にできることは民間に」と。そこで、使途が限定され、地方に裁量権がない国庫補助金を廃止・縮小する、国税と地方税の割合を見直し、地方に税源移譲することで地方分権を推進する、それにより地方交付税を削減し、国の財政再建を行う、この三点セットの改革が示された。いわゆる骨太の方針、これは二〇〇一年の小泉内閣のプランですが、実際のところ、あれが地方財政をかなり苦しくしました。三位一体改革と言いながら、結局は交付税が一気に減ったということでしかなかった。実際には三位一体になってなかったと思います。地方にしてみれば、「だまされた」という怨嗟《えんさ》の声が多数でしたね。

宇野　小泉改革の時にはなぜ本当の三位一体の改革ができなかったのでしょうか。

石破　やはり、政策目的としてまず財政再建という面が大きかったからでしょう。つまり地方活

図13　地方交付税等交付額の比較（2003年→2006年）
（総務省「地方財政計画」）

（億円）

	平成15年		平成18年	3年間の削減額
地方交付税	180693	三位一体の改革	159073	-21620
臨時財政対策債	58696		29072	-29624
地方税	321725		348982	27257
その他の収入を含めた総計	862107		831508	約3兆円の歳入減

性化が主目的ではなかったので、「どうやって国から地方に行く金を減らすか」という部分ばかりが先行した感は否めません。

宇野　あの時、小泉改革で建前だったものを、今回は本音でやりたい、本当に地方を生かすような三位一体の改革というのを今こそ行うべきだということですね。

今、橋下徹さんが道州制を提唱していますが、あれは今急に言われはじめた話ではなくて、ずっと前からある議論ですよね。とにかく、地方が金食い虫で、地方交付税を東京以外すべてに分配していて、これが進めば進むほど赤字になるに決まっている。田中角栄的なお金のバラマキというのは、いくらお金があっても足りないということが、ずっと言われているわけです。石破さんはこの自治体の枠組みをめぐる議論についてはどうお考えですか？

石破　道州制のメリットは二つあります。地方のことは地方でやる、国は国のことだけ考えていればいい、となりますから、国の守備範囲が外交、安全保障、財政、通貨政策などに限られるわけです。あとは、新幹線・高速道路ネットワークとか、河川の管理とか、広域にわたるものですね。ただ、それも道州に権限が行くものも多いでしょう。それによって、中央官庁の人員は相当数が道州に移行する。それと、国家レベルの政策だけに限定されるのであれば、国会議員の数も削減できますね。一つのメリットはそれです。

もう一つのメリットは、いちいち国まで行かなくても話が済むことです。私の選挙区の鳥取県の市町村長さんの立場になって考えてみれば分かりやすいのですが、今何か事業をしようとすると、まず県庁に行ってお願いをします。次に国土交通関連であれば広島、農林水産関連であれば岡山にある省の地方機関でお願いをし、それから改めて霞ヶ関に行ってお願いをし、ということを苦節何年も積み重ねてようやっと事業が通るわけです。しかし、道州制によって、もう少し近いところでものごとを決められるというのは、基礎自治体から見たメリットだと思います。

いずれにせよ、道州制の議論の根底にあるのは、いかに効率的な予算配分をなしうるか、という観点です。住民にとってのサービスを向上させつつコストを下げるには、国家しかできないような仕事を除いて、より住民に近いところで地域における優先順位を決めてください、ということにしたほうがいいのではないか。そのための道具として、道州制的なものが正しいのであればやればいい。

宇野　道州制は目標じゃなくて手段だと。では、そういうことだと思います。交付税そのものを廃止して、もっと別の財源を考えるという構想についてどう思われますか？　これもずっと前からある議論だと思いますが。

石破　以前、渡辺喜美さんが、「消費税は皆地方の財源にすべきだ」と言ったら、野田総理が「荒唐無稽なアジテーションだ」と言って、売り言葉に買い言葉みたいな感じになったことがありましたね。

宇野　ただ、いずれにせよ現状の中央と地方の交付税を通じた歪んだ関係自体は、見直さざるを得ないわけですよね。

石破　基本的には、私は「ナショナル・ミニマム」という考え方は残すべきだと思うんです。保育だって教育だって、かなり地方の裁量が認められる方向に進んでいますが、やはり受けられるサービスの一定の質の確保というのはあるべきだと思っています。インフラ整備だって、「すべて地方の自由に」と言ってしまったら、新幹線や高速道などの広域インフラはなかなか整備できないし、そもそも美しい町や村づくりのための国土デザインもボトムアップだけでは限界があるでしょう。

消費税は、医療、介護、年金といういわゆる「高齢者三福祉」のための経費と決まっていますから、それを地方に移譲するというのは、福祉もすべて地方行政に移管するということになりますが、それだと国家財政の観点からあるべき所得再分配の機能を果たすことは難しくなります。

ただ、「ナショナル・ミニマム」をガイドラインとして決めて、設計図を描くところまでは国家がやり、それを踏まえた上で道州や広域連合などを間にはさみながら、実際の予算配分はなるべく住民に近いところで行う、ということは考え方としてあり得るのかもしれません。

2-11 「元通り」ではなく、新しい「復興」のために

宇野　地方社会をどう再建していくのかというのは、とても大きくて、そして頭が痛い話だと思うんです。

たしかに地方は疲弊しているように見える。昔からある駅前商店街はすっかりさびれてシャッター街になってしまい、郊外のロードサイドの大きなショッピングセンターに人が集まっている。実際、言論界では右からも左からもこの手の大店舗は地域ごとの「匂い」を消してしまう悪しきグローバル資本主義の手先だということでさんざん批判されている。けれど、この種の批判は、実際に地方暮らしが長かった僕の実感からはとてもかけ離れているんです。この二〇年あまりの間にその手のショッピングセンターが次々とできたおかげで、地方は単純に暮らしやすくなったと思う。特に僕の家のような転勤族の一家には、とてもとっつきやすくて便利な、欠かせないインフラだったことは間違いない。イン

ターネット書店が普及する前は、この種の郊外型の大型店ができたおかげで、それまでなかなか手に入らなかった本が手に入るようになった。僕はこの現実を簡単には否定できないと思うんです。

だから、大店舗の出店を国家が規制して、むりやり地方に住んでいる人に駅前の商店街にお金を落とさせるようにすれば済むのかと言ったら、僕にはどうしてもそうは思えないんです。それだと先ほども議論になった既存の農協カルテルを保護するのと同じだと思います。

今、反原発運動の人たちが盛んに、原子力発電所の落とすお金に依存した地方の産業構造を批判しています。その批判はまったく正しいと思いますが、その一方で彼らの多くが「駅前の商店街」を擁護して「ロードサイドのショッピングセンター」を批判している。けれど、単純に考えて「原子力ムラ」と「駅前の商店街」はどちらも、かつての角栄的な利益誘導政治に基づいた産業構造の産物で、両者は表裏一体のはずです。僕の考えでは、なんとなくハートフルなイメージがあるから「駅前の商店街」は素晴らしいと言い、大資本と結びついているものはとにかく批判的に捉えなきゃいけないという昔の左翼的な発想をひきずって「ロードサイドのショッピングセンター」を悪だと決めつけても、まったく問題は解決しない。地方を再生するために重要なのは、これまで話してきたように、すでに機能しなくなっている戦後的な地方経営の構造そのものをどうつくり替えるか、のはずなんです。

なぜこんな話をしているかというと、やはり「どうやって東北を復興するか」という話をしなければならないと思うからなんですね。

たとえば僕は、去年の夏に被災地を見てきました。特に石巻を重点的に見たのですけれど、僕はあの街には今の日本の地方が抱える病理が分かりやすく現れていたと思った。

あの時、僕は当時書いていた本の関係で、駅前商店街の仮面ライダー像を見ておきたかったんです。石巻は仮面ライダーの原作者の漫画家・石ノ森章太郎の生家に近いので、石巻駅前の商店街には彼の生み出したキャラクターたちの像が並んでいるんですね。この街並みは津波で大きな被害を受けましたが、仮面ライダーの像は運よく流されずに残ったということで、新聞などで復興のシンボルのように取り扱われていました。ところが、僕がタクシーの運転手さんにその像のところに行ってほしいと言うと「ああ、シャッター通りね」と言われたんです。つまり、石巻の駅前商店街は津波が来る前から「壊滅」していてシャッター通りになっていた。そして皮肉な話だけれど、比較的内陸に配置されていたロードサイドの大型ショッピングモールは被害が軽微だった。結果的にそうなったのでしょうが、この大津波は石巻という街が体現していた戦後的な地方社会の行き詰まりをくっきりと浮かび上がらせたと思うんです。そして、これを言うのは勇気がいるけれど、僕はすでにシャッター街だった部分をそのまま「復興」するのが建設的だとはどうしても思えないんです。

石破　シャッター街になったのにはそれなりの理由があるのであって、その理由を取り除かないままに、もしくは中心市街地のあり方を変えないままに、ただ「元へ戻せ」と言ってみても、決してそうはなりません。ただ、石巻市に関して言えば、津波で破壊された市内随一の観光名所であった「石ノ森萬画館」の再開のために復興交付金を活用しようとしたところ、国から「不要不急の事業」として拒否されてしまいました。このように、現場と国との意識のギャップは相当に大きいものがあります。

それはともかく、「元へ戻りたい」「故郷へ帰りたい」という気持ちは当然すぎるほど当然ですし、その美しいスローガンのもとで全力を尽くさなくてはならない。でも、どうしても戻れないこともあるのであって、「そうならそうとはっきり言ってくれ」という悲壮な気持ちを持たれる方もおられるはずです。それを誰かが言わないといけない場面もありますよね。それは、実際にその土地に住んでいる方々や、地元自治体である市町村、県が言えることではないんです。だから本当に必要なら、国が悪役になって進めるべきなんです。私はずっと「国は余計なことをするな」と言ってきた。じゃあ「余計じゃないこと」

とは何か。その一つが、こういう時に、誰も負いきれない責任を国が負うことなんじゃないでしょうか。

「結論は先延ばししよう」「誰かが責任を取るのは回避しよう」というのが、ここずっと日本が結果的にやってきたことだと思います。それは震災復興に限りません。自分の任期の間に結論を出したくない。誰もその責任を負いたくない。だから、負の議論がいつまで経っても負の議論のままで、見ている国民のフラストレーションがどんどん溜まるのだと思います。

間違ってはいけないと思いますが、国が責任を取る、国のお金を出すということは、日本全体で責任を取る、納税者がお金を出すということです。別に国そのものに打ち出の小槌があるわけではないですから。

しかし、原発からのエネルギー、東北のサプライチェーンによる利益、東北のいろんな農産物・海産物の利益を享受してきたのは日本国民全体なのですから、早い時点で、「納税者のご負担において国が責任を負います」と言わなければなりません。

一番辛いのは、被災地に住んでいる方々です。自分たちは移住するのか、ここに元通り住めるのか。移住するとしたらこの土地は買ってくれるのか、それとも国が借りるというかたちなのか。そこに住んでいる、あるいはそこで事業を営んでいた方々にしてみれば、発災直後からずっと、その問題に直面したままなわけです。

宮城県に七ヶ浜町という、松島湾に面した町があります。街中は結構復旧しているんですが、津波にさらわれてしまった海の近くの集落は、今も何も変わっていません。ガレキを片付けただけです。津波の一年前や半年前に建てたという新しい家は、流されずに比較的残っています。そういう人たちは、もうそこに住み始めていますが、古い家はみんな流されてしまいました。ですから、区画の中の二割くらいの家がぽつぽつと戻っている、という状態です。

家が流されずに残った人たちがそこに住むのは、当然の権利です。でも、二割しか家が残っていないのに、またそこに下水道を引き、町として整備するのは、町の財政としてはできないわけです。こんな状態で放り出されて、「どんな町にしたいか提出しなさい」と言われて提出したはいいが、隣町とは意見が違う場合、一体どうなるのか。せっかく復興庁をつくっても、結局何も進まない。国が責任を持ってグランドデザインを描くと言わないからです。気の毒なのは町長や職員たちです。「どうしてくれるんだ！」と毎日叱られて、「いや、分かりません。県に聞いてください」と言っても、県も「分かりません」。国に聞いても「方針が決まりません」。

これは原発の被害も一緒です。岩手、宮城、福島と言われますが、実際は茨城も大変な被害にあっています。茨城でも、旅館もお店も商工業所も廃業せざるを得なくなっている。「どうしてくれるのか」と言っても、東電に迅速に補償できるだけのカネがないことなど、最初から分かっていた話です。

国が方針を示さないことで、一番辛い思いをしているのは被災者であり、現場の担当者なんです。津波で流されたところ、あるいは原発災害で除染が進まないところ、ここに何をどうつくっていくかは国家として意思決定し、買い上げや補償などの措置も迅速に行わない限り、次のステップには行けないと思います。

宇野　補償は国が行い、土地も買い上げる。ガレキも国が責任を持って引き取って、各都道府県に配分し、受け入れを強制していく。移住の問題も国が安全な地域での町の再建を主導していく必要がある。それが国の責任の取り方だということですね。

2-12 長期的なクリーンエネルギーへの移行には、何が必要か

宇野　関連して原子力発電所をめぐる議論に入りたいと思います。僕は単純に、この地震大国日本で原子力発電を継続するリスクはあまりにも高いので、長期的には脱原発の方向しかないと考えています。もちろん、今すぐゼロにするのは難しいのかもしれない。だとすると、具体的にどのようなプランで脱原発をしていくのかというシナリオを提示することしか、国民を納得させる手段はないと思います。今回の野田政権の再稼働決定も、再稼働を行ったことそれ自体よりも、その手続きの乱暴さが問題だと思うんです。脱原発派の中でも、長期的なクリーンエネルギーへの転換を前提に、この時点での再稼動はやむなしとする立場は多かったはずです。仮に再稼働の必要性があると考えるのならきちんと説明責任を果たし、しかるべき手続きで国民の審判を仰ぐべきだったんじゃないでしょうか。

石破　原子力発電をこれからどうするかということについては、短期的なものと中・長期的なも

のに分けて考える必要があると思います。まず短期的には、考えうる限りの英知を尽くして安全性を高めた上で、原発を再稼働すべきだ、と思っています。エネルギーの安定供給について、よく「家庭ががんばって節電すれば原発を動かさなくても大丈夫だ」というような論調がありますが、大変言いづらいことながら、安定供給が死活的に重要なのはむしろ企業や病院なのです。半導体などは、二四時間通電し続けていなければ全過程に影響が出るのであって、たとえば三〇分だけでも電気が止まってしまったら、その間にラインに乗っていたすべての製品が使い物にならない、そのくらいシビアなわけです。透析装置があるような病院は説明するまでもないでしょう。だから、今から一〇年くらいの短期スパンで考えたら、すぐに原子力発電に替わるものはあり得ず、我が国の経済活動の前提として安価な電力を、余裕を持って提供するために、安全性が確認された原発を稼働させる必要があります。

安全性については、科学的な知見に基づいた議論がもっと必要です。「なくしてしまえばそれでいい、それ以外は一切ダメだ」というのでは議論にもなんにもなりません。政府、東電、民間、国会と四つの事故調査委員会が報告書を出しましたが、私がもっとも優れていると思った国会事故調査委員会は「明らかな人災であった」と結論づけています。明らかな人災であるなら、それを防ぐ手だてが必ずあるはずです。

原発に異常な事態が発生した際の対応は、「止める」「冷やす」「閉じ込める」の三つですが、福島第一原発は止まったものの「冷やす」と「閉じ込める」に失敗してしまいました。これに対して女川原発は同じように震災や津波にあったにもかかわらず、「止める」「冷やす」「閉じ込める」が問題なくできた。福島第一原発でも電源の喪失さえなければ事故は起こらなかった、ということをどのように評価するか。

同じように、大事なのはマネジメント、管理の能力です。技術だけではなく、誰がどのように原発を管理するか。今回は、総理大臣から現場まで、これが非常に悪かったと思われます。この検証を徹底して行い、絶えず改善していくことが必要です。

総理大臣は生半可な知識で現場を混乱させてはなりません。現場について言えば、アメリカでは原発の運転員の多くは、空母や潜水艦など海軍の原子力動力艦の運転に携わってきた人たちだそうです。民間船と違って軍艦は被弾などによる事故を当然に想定していますから、対応能力は相当に高いと考えるべきでしょう。日本は「むつ」の失敗以来、原子力動力船を官民ともに持っていませんから、この能力を高める人材を確保するためには、相当の努力が必要です。

また、なぜかこの議論はあまりされていませんが、原発テロや、原発に対するミサイルなどによる攻撃に対処する能力も早急に向上させなくてはなりません。原発を少数の警察官や民間の警備会社だけで警護する、などという現状は、今すぐにでも改めなくてはいけないと思います。私は自衛隊が警護にあたるべきだと考えますが、それがダメだと言うなら警察に対処能力と権限を与えねばならないのであって、法律を改正し、新たな組織を編成し、予算を大幅に拡充すべきです。

どこか日本に敵対する国やテロ組織が「今から日本の〇〇原発を破壊すべく、ミサイルの発射準備を整えた」とアナウンスするだけで、日本はパニックに陥ってしまうでしょう。実際にミサイルを撃たなくても、その効果は絶大です。このような事態にも的確に対処できる体制を整えなくてはならないのです。

総発電量に占める原発の比率は、今後低下していくことが避けられませんから、原発に替わりうる国産、安価、安定的なエネルギーの開発は、優先順位を相当高めてかからねばなりません。今すぐ着手したって一〇年でできる話ではないですから、原発を再稼働させている間、なんとかモノにすべく加速させなければいけないんです。その意味で、「再稼働か再生可能エネルギーか」という問いは、時間軸を無視しておりナンセンスです。今まで不安定性、コスト、利害調整などの問題があるために進まなかった太陽光、風力、地熱はもとより、小水力もメタンハイドレートも、とにかく可能性のある技術は徹底的に集中して研究開発しなければならないんです。

図14　電力会社9社の発電方法
（電気事業連合会データより作成）

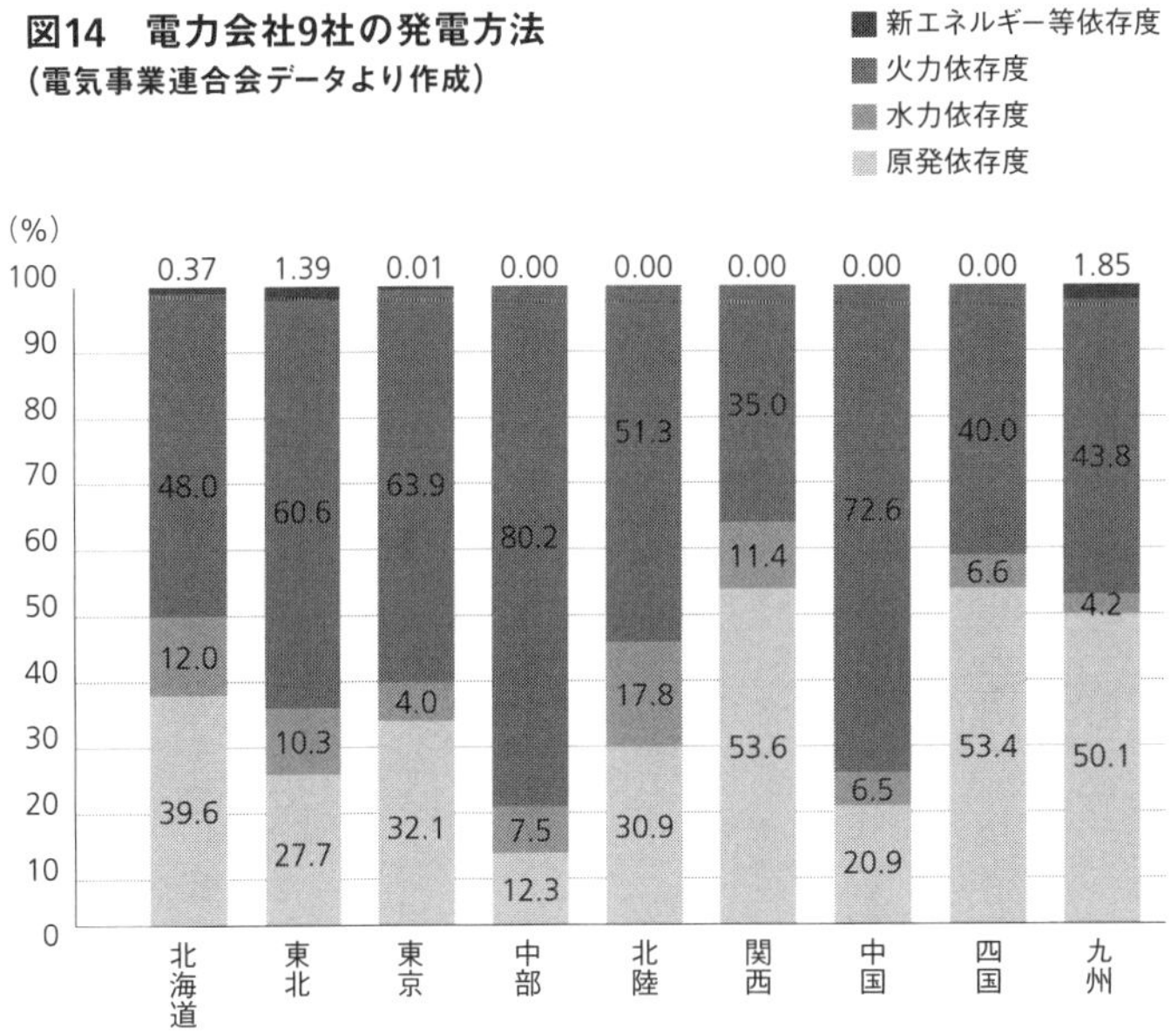

あと、電力の最大のネックは昔も今も「貯められないこと」なんですね。だから、大規模でロスのない蓄電池ができたら、コンセプトはがらりと変わるはずです。

いずれにせよ、エネルギー関連技術は世界中の課題でもあります。我が国が技術優位を獲得したら、それはそのまま世界に対して売れる技術でもある。そこまで踏まえて、本気で取り掛かるべきです。

宇野　僕はこの原発の問題は、国家の根幹にかかわるものだからこそ、まずは感情論や物語化を避けて、徹底的にコストとベネフィットのバランスと、リスク管理の観点から考えるべきだと思います。そして、既存の原発をめぐる議論に現実的なマネジメントの問題が軽視されがちなのはまったく同感です。この背景には戦後日本が培って来た独特の「核」について考えること自体をタブー視する文化があるのだと思います。しかし本当に脱原発を目指したいのなら、むしろこの種の議論は避けて通れないはずです。

石破　そうです。原発を運用しているということは、いざとなったら核兵器を保有できるという潜在的な能力の担保にはなるわけです。日本政府としても、今までずっと、「核兵器の保有それ自体は違憲ではない」と答弁してきており、核保有が憲法違反だと言ったことは一度もありません。ただ、その時点時点で「現在保有するつもりがない」と言ってきたわけです。

私も、現時点で核を保有することは、非現実的かつ国益に資さないと思っています。単純に実験場がない、といった理由もさることながら、日本が核を持つと、「あの唯一の被爆国である日本が持ったのだから」ということで、どの国が持っても歯止めがかけられなくなるわけです。二〇一二年四月に鳩山由紀夫元首相がイランを訪問し、アフマディネジャド大統領と会談した際に、国際原子力機関（ＩＡＥＡ）がイランなどに二重基準の対応をしており、不公平だと述べたと報じられて騒ぎになりましたね。鳩山氏の行動はイランの宣伝に利用されただけの愚かなものでしたが、日本がＮＰＴ（核兵器不拡散条約）に加盟する際にも議論があったように、NPT体制の下では米、露、英、仏、中という国連安保理常任理事国だけに核保有が認められているのはなぜなのか。インドやパキスタンなどは「やったもの勝ち」なのか。イスラエルなどそもそも加盟していない国はどうなるのか。そういう議論はたしかに存在します。だからといって、イランが核を持っていいということにはまったくならないのですが。

核兵器を保有するためには、当然NPTを脱退するということになり、それはそのままNPT体制の崩壊を意味し、あちこち核保有国だらけになるということを意味するのです。NPT体制自体はたしかに不公平なものだけれど、世界中が核を持つ世の中よりはマシでしょう。だから、私は少なくとも現時点で日本は核を持つべきではないと思っているのです。

いずれにしろ、原子力発電の比重を減らしながら、新しいエネルギーの将来像を示すことは喫緊の課題です。しかしその具体的なプランを考えるのなら、こうした議論も避けては通れないでしょう。

宇野　厳しいお話ですね。しかしこの現実を受け入れないと問題は一歩も前には進まないのも間違いない。

かつて『鉄腕アトム』という漫画で描かれたように、戦後のある時期まで原子力は未来

図15　慶應義塾大学を中心に開発された「エリーカ」
(Eliica; Electric Lithium-Ion Car)

の夢のエネルギーだったはずなんです。それが皮肉なことに、現在は限られたリソースをどう配分するのか、どのリスクを取って何をあきらめるのかという「引き算の思考」を国民に突きつける存在になってしまっている。こうして考えていくと、科学のつくる明るい未来を、別のかたちで示していける世の中をどうにか取り戻したいと強く感じます。

石破　そうですね、避けては通れないこととはいえ、ずいぶんと私たちも宇野さんの言う「引き算の話」をしてしまったかもしれません。ちょっと「未来」の話をしましょうか。

私は最近、時速三七〇キロという世界最速のスーパー・エコカー「Eliica（エリーカ）」を開発された慶應義塾大学の清水浩先生にお話を伺い、エリーカにも実際に乗ってきました。これは電気自動車ですから、当然排気ガスを出さないし、エンジン騒音もない、必要なエネルギーはガソリン車の四分の一という、いわゆるエコカーです。でありながら、加速は、あのポルシェ911ターボを超えるスポーツカーでもあるのです。先生曰く、今の電気自動車が売れないのは、「つまらない」「面白くない」「わくわくする楽しさがない」からだそうです。「車好きが好きになれる電気自動車をつくらないと、電気自動車の未来はこれ以上開けない」とおっしゃっていました。先生は決して自動車の専門家ではないのですが、車が大好きで、みんながわくわくする車でなければダメだと考えて、そういう車をつくったそうです。「とにかく一度乗れば分かるから、乗ってみなさい」と言われて実際運転もしてみたのですが、根っからの車好きの私が感動するくらい、面白い乗り物でしたね。「電気自動車なんて、ゴルフ場の電動カートの大型版みたいなものだろう」と思っていたのが、完全に覆されました。

宇野　お、最初にお話しした「夢の車」の話ですね！

石破　子どもっぽいと言われることもありますが、私はこういう話が好きなんです。

たとえばCDにしても、出た時は「なんだこれ？　やっぱり音楽はレコードで聴くのが良い。針で音を拾うものだ」と言う人が多かったんですよ。こんなもの売れっこないと言われた。ところが、音質がすごく良いということで、あっという間にレコードを駆逐しました。そうなるまでに、七年間かかったそうです。デジカメも、発売当初は「こんなものは写真ではない」と言われました。それがみんなデジカメになるまでに、七年かかったそうです。

携帯電話も、最初は「肩掛け電話」なんて言って、とても大きいものでしたね。私は今から二〇年くらい前に使い始めたのですが、やたらと大きくて重いわ、電池はすぐなくなるわで、非常に不便なものでした。それが、今のようにバッテリーが長持ちし、使い勝手の良いものになるまでに、七年くらいかかっています。

で、七年経つと「これは便利だ」「これは面白い」ということになって、急速に普及するわけです。電気自動車は、まだ「これは面白い」というのがないから普及しない。でも、清水先生の電気自動車は違う。普及して大量生産できるようになれば、間違いなく安くなります。

電気自動車には「蓄電池」としてのメリットもあるんですよね。どんなに車を使う人だって、二四時間三六五日、乗り続けているわけではないですし、たとえば家で使う場合には、夕方、奥さんが買い物に行くとか、日曜日に家族でドライブに行く時以外は使っていないような家が圧倒的に多いと思います。ということは、電気自動車を一家に一台ずつ置いておくと、夜の間に充電した分でエアコンや照明器具など、家庭で使うだいたいの電気はそれで賄える。これはもう、三菱や日産でも実用化を始めていますよね。これが普及すると、電気の供給自体も今ほどたくさんは要らないのではないか、ということになるわけです。このような電気自動車の普及を進め、一方でスマートグリッド化も進める。この電気自動車を使った省電力タウンみたいなモデル事業を東北でやってもいいかもしれません。

蓄電池が実用化していけば、電力供給のネックである「即時性」と「輸送ロス」が解消できるわけですから、再生可能エネルギーも導入しやすくなるでしょう。原発の安全管理を極限まで上げながら使う間に、急いで実用化していけば、三〇年後くらいに新しいかたちでのエネルギーの安定供給を実現することも夢ではないと思っています。

宇野　それを受けてお話しすると、僕は東北の復興も、これまで議論してきた新しい産業構造をゼロから植えつけていくモデル特区、あるいは次世代エネルギー特区にするくらいのつもりで考えていくべきだと思うんです。今は夢みたいな話だ、馬鹿な話だと言われるかもしれないけれど、なくしたものの数を数えながら、元に戻せないものを「戻せます」と嘘をつき続けていくよりは、ずっといいですからね。

国民主権の再設定

2-13　本当に「機能する」防衛と日米関係のために

宇野　ちょうど前回の収録の日の朝に北朝鮮のミサイル発射があり、政府の対応が問題になりました。石破さんも取材をたくさん受けられて大変だったと思います。石破さんと言えば、軍事通というイメージが強くて、この対談ではあえてこの話題をこれまで避けてきたところがあるんですが、これまでの議論の延長線上でこれからの国防というものをどうデザインしていくべきかというお話をしてみたいと思うんです。

石破　二〇〇二年九月に、小泉内閣の防衛庁長官に任命された時から、週刊誌にはさんざん「超タカ派」だとか「プラモデルが大好きの戦争オタク」だとか書かれてきました。それはむしろ「買いかぶり」で、男の子だったら誰でも好き、という程度だと思います。私の子どものの頃というのは、ちょうど『週刊少年サンデー』や『週刊少年マガジン』が出始めた頃でした。他にも『月刊冒険王』や『月刊少年画報』という雑誌がありました。今から思うと不思議ですが、敗戦後二〇年も経たないその頃は、戦争ものの作品がたくさん載っていました。『ゼロ戦レッド』や『0戦はやと』『紫電改のタカ』といった、ちばてつやさんや、望月三起也さんの作品に、同級生たちと一緒に夢中になったのを覚えています。

そうした勇ましい漫画がある一方で「戦争がいかに悲惨で嫌なものか」を伝える漫画もありました。意外に思われるかもしれませんが、私の記憶に残っているのは赤塚不二夫さんの『おそ松くん』です。普段はチビ太やデカパンの出てくる楽しい話ですが、なぜか、戦争でみんな死んでしまったり怪我をしたりするという回が一度だけあったのです。

宇野　ことさらに、戦争の悲惨さを伝えようという作品ではなく、むしろ、普段、陽気な楽しい漫画だけにかえって「戦争とは悲惨なものなのだな」と印象に残ったわけですね。

石破　その通りです。ですから、戦艦や飛行機を「格好いい」と思う気持ちと、「戦争は嫌だ」という気持ちは、別に自分の中では矛盾せずに両立していました。その後、長ずるに従って、父に吉村昭さんの『零式戦闘機』や『戦艦武蔵』を与えられたことはありますが、ごく一般的な子どもだったと思います。大人になってからも、阿川弘之さんの『雲の墓標』や『山本五十六』『米内光政』などは手に取ったものの、いろいろ関心のあるもののうちの一つでしかありませんでした。

宇野　それが、どうして「軍事と言えば石破茂」というイメージが定着するまでになっていったんでしょうか。

石破　別に軍事の専門というつもりはないんですよ。ただ、選挙で「票にならない」と定評のある分野に強い関心を持つようになったのは、二回目に当選した時以降のことでした。イラクがクウェートに侵攻したのを受けて、国連が多国籍軍の派遣を決定し、一九九一年一月にイラク空爆が始まり湾岸戦争が起こったのです。あれは、まだ開戦前で、「湾岸戦争」ではなく「湾岸危機」と呼ばれていた頃のことです。自民党本部の最上階にある一番大きな会議室で、国防部会、外交部会、その他関係部会も全部集めた「政調合同部会」が開かれました。当時の海部（俊樹）首相と政調会長が挨拶して「日本はどうするべきか議論しよう」という話でした。それは良いのですが、実際には、外務省も防衛庁（当時）も、これという考えはありませんでした。国会議員も同じです。私だって他人のことは言えません。その場にいるほとんどの人間が「ＰＫＯって何?」「そんな言葉初めて聞いた」「株価維持政策（Price Keeping Operation）か?」という具合でした。私は、こんな大事な問題に対して役所も政治家もなんの考えもないことに、ひどいショックを受けたわけです。

宇野　それはひどい話ですね。僕の亡くなった父が自衛官だったんですけれど、もしかしたら現役中に海外に派兵されていたかもしれない。家族として、「PKOって何？」「そんな言葉初めて聞いた」なんて議論している連中に命令されて父親が戦地に行く、なんてことは絶対に納得できませんよ。

石破　ほんの一〇年前まで、日本への脅威なんてあるはずない、今日あるように明日があり、明日あるように未来があると多くの人が思っていたわけです。冷戦下では自動的に西側陣営に組み込まれていて、必ずしも真剣に考える必要がなかったからです。もしかすると、最近いろいろなことが起きて「日本は戦争とは関係ない」「戦争について考えないのが一番」という考え方を多くの国民の皆さんがしなくなっているのだとすれば、それはそれで一つの進歩なのかもしれません。

しかし、そんな中で、実は一番「戦争なんてあり得ない」と思っているのは、皮肉なことに防衛に携わる人たちなのかもしれないと思うことがあります。少なくとも、私が政府にいた頃にはまだ冷戦時代の思考形式が色濃く残されていました。防衛庁は政策官庁ではなく、中期防衛整備計画に基づき、何年後に飛行機を何機、艦を何隻、戦車を何両購入するという「お買い物官庁」であり、自衛隊という実力組織が不祥事を起こさないように管理監督する、という意識のままだったわけです。「独立国として必要最小限の防衛力を整備する」という「基盤的防衛力整備構想」の呪縛がまだとけていなかったんです。

宇野　冷戦構造下においては、自衛隊が防衛力「である」ことが最優先で、どう機能「する」という視点が欠けていたんですね。

石破　おっしゃる通りだったと思います。宇野さんはお父様の話をされましたが、国民の命と権利を守るために多くの税金をかけ、自衛官の命を預かっているわけです。今までの「存在する自衛隊」から「機能する自衛隊」になるためにどうしたら良いかということを考えなければなりません。

宇野　戦後的な「軍事」アレルギーというか、軍事について「語ること」へのアレルギーはたぶん、僕の少し上の世代――いわゆる団塊ジュニアあたりからかなり解除されてきていると僕は思うんですよ。いわゆる「右翼」の人じゃなくても、軍隊は必要に決まっていると常識的に考えているし、対米独立路線にして沖縄から基地をなくしたいなら当然今よりも重武装化するという選択が浮上してくることも、分かっている人は増えている。そしてそれと戦争を肯定し賛美することとはまったく結びつかない、大切なのは半分趣味の領域になってしまった戦後的な左右イデオロギーの問題ではなくて、現実的に機能する軍隊を維持することだ、という常識的なことを考えている人はかなり多くなってきていると思います。

僕はたとえば米軍基地や憲法九条の問題も、こうした前提に立って初めてまともな議論ができると思っています。

石破　この国では、これからの日米関係をどうするのか、という話をしていても、いつのまにか基地問題だけに矮小化《わいしょう》されてしまうようなところがなかったとは言えません。たしかに基地問題は重要ですが、それだけでは意味がない。米軍基地と憲法九条の問題はセットです。争点はもちろん、集団的自衛権です。アメリカと一緒に何ができて、何ができないか、どの部分はアメリカに委ねるのかをよく知った上でアメリカと議論しないと、結局は実効性のある議論にならない。私は政府にいた頃にも何度も言っていたんですが、アメリカが一〇要求してきた、それを七になりませんか、六になりませんかとお願いして、たとえば四にまけさせたら外交の勝利だ、というのではダメなんです。アメリカが何か言ってきたからそれに文句を言うというのではなく、日本としてこう考えるという主体的な案を持って、アメリカと交渉するのでなければならない。それが独立国、同盟国というものです。「お代官様、お願いですから、まけてください」というのでは被占領国意識のままだと思われても仕方がない。

宇野　しかし特にある年代より上には、集団的自衛権について論じること自体が、タカ派の証明のように受け取られてしまうでしょうね。それは左右のイデオロギーの問題ではなく、もっと現実的な機能の問題なのだと説明しても、それは保守的なイデオロギーの隠れ蓑にすぎないのだと糾弾されてしまうでしょう。

しかし、たとえば僕はおそらく石破さんとは異なって、イラク派兵にもどちらかと言えば反対でした。でも、こうした個別の外交判断の以前の大枠の問題として、集団的自衛権が行使できるように憲法九条を改正することはやはり必要だと考えています。こういう立場も本当ならあり得るはずなんですけれど、残念ながら今の政治の場にも言論の場にも、こういう意見には居場所がない。

たとえば僕は靖国問題って、はっきり言って共同追悼施設をつくるしかないと思うんですよ。そこでアジアの犠牲者も日本の犠牲者も一緒に弔うことで、過去の侵略戦争を反省し非戦の誓いを新たにする。靖国神社は特殊な宗教施設なのだから、国会議員や政府関係者の参拝は禁止する。そしてA級戦犯を分祀するしかないということも、もう本当は明らかだと思うんです。

石破　うーん。私はそうは思わないな。戦前において、日本国と兵士たちの約束は、「戦争で散華《さんげ》（戦死の婉曲的な表現）した者はすべて靖国神社に祀られる」「天皇陛下が必ずご親拝くださる」という二つの内容でした。昭和天皇は一九七五年の一一月を最後にご親拝されていませんし、今上陛下も同様です。いわゆる「A級戦犯」が合祀されたから、という説が有力ですが、とにかく天皇陛下にご親拝いただくように努めることが政治の仕事だ、と私は思っているのです。だから私は結果的に分祀論者ということになるのでしょうが、宗

図16　自衛隊・防衛問題に関する世論調査（平成23年度）（内閣府）

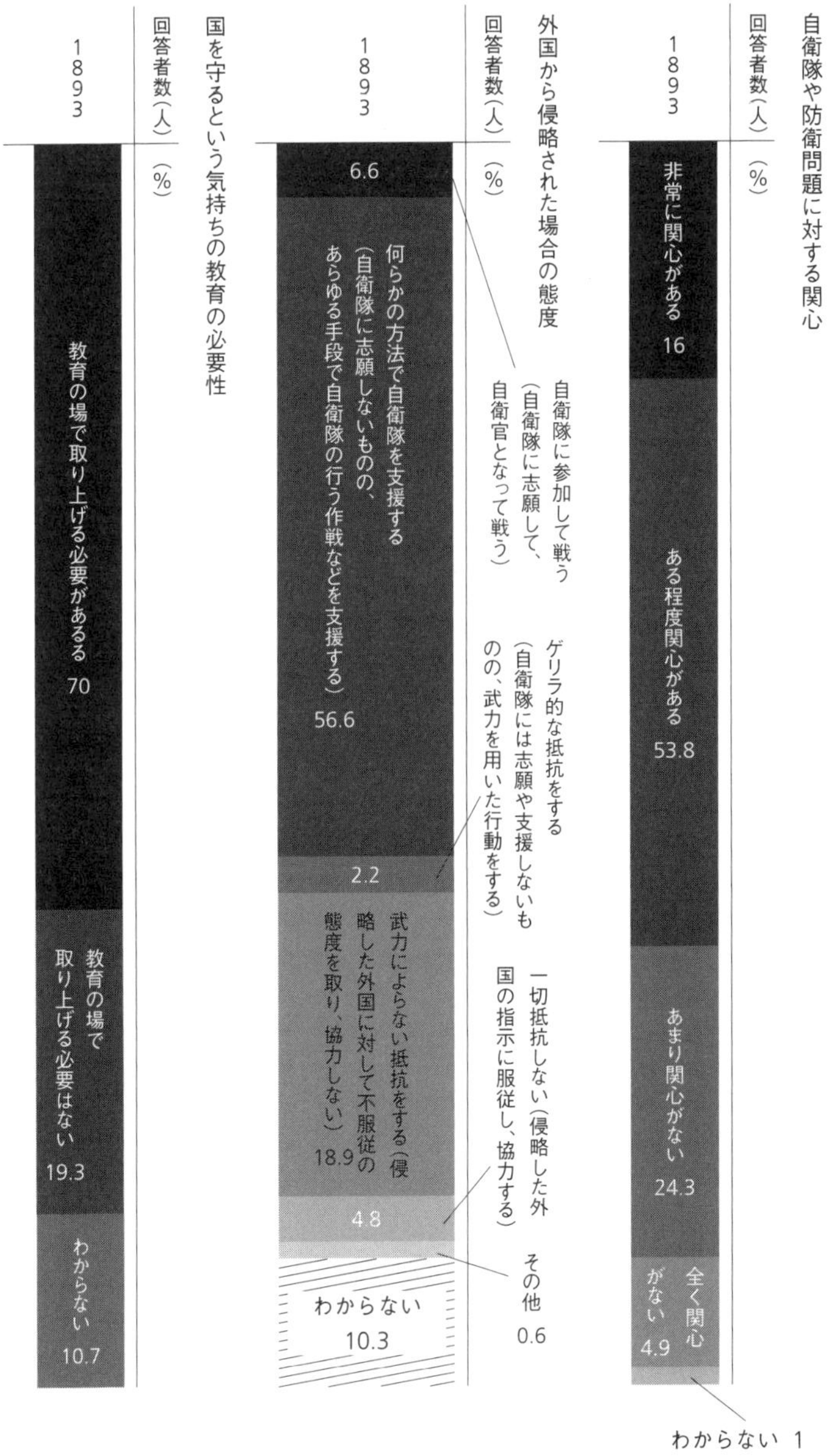

自衛隊や防衛問題に対する関心
回答者数（人）
1893
（%）
非常に関心がある 16
ある程度関心がある 53.8
あまり関心がない 24.3
全く関心がない 4.9
わからない 1
外国から侵略された場合の態度
回答者数（人）
1893
（%）
6.6
自衛隊に参加して戦う（自衛隊に志願して、自衛官となって戦う）
何らかの方法で自衛隊を支援する（自衛隊に志願しないものの、あらゆる手段で自衛隊の行う作戦などを支援する）
56.6
2.2
ゲリラ的な抵抗をする（自衛隊には志願や支援しないものの、武力を用いた行動をする）
武力によらない抵抗をする（侵略した外国に対して不服従の態度を取り、協力しない）
18.9
4.8
一切抵抗しない（侵略した外国の指示に服従し、協力する）
その他 0.6
わからない 10.3
国を守るという気持ちの教育の必要性
回答者数（人）
1893
（%）
教育の場で取り上げる必要があるる 70
教育の場で取り上げる必要はない 19.3
わからない 10.7

教法人である靖国神社にそれを強制することはできません。だからとても難しいのですが、閣僚だった時、「あなたは靖国に参拝しますか、しませんか」と聞かれるたびに、これは閣僚が行くとか行かないとかそういう問題じゃあないんだろう、と思ったものです。

内閣府が三年に一度「自衛隊・防衛問題に関する世論調査」というのをやっています。今年一月（平成二三年度分）にも行われました。その中には「外国から侵略された場合の態度」という設問がある。もし日本が外国から侵略されたらどうするかと聞いているんですが、「なんらかの方法で自衛隊を支援する」という答えが五六・六パーセント。以下、「武力によらない抵抗をする」一八・九パーセント、「自衛隊に参加して戦う」六・六パーセント、「一切抵抗しない」四・八パーセント、「ゲリラ的な抵抗をする」二・二パーセントの順です。自衛隊を支援するという人は、一九九一年調査の三六・七パーセントから一貫して増えていて、国民の過半数に達しています。

私はこの世論調査の結果を最初に見た時、「逃げる」という答えが一番多いと思っていたので、意外な感じがしました。それに、「支援する」と答えてくれる人がどんどん増えている。この調査結果を見ると、「自衛隊は国の独立を守る」という言い方を、国民は分かってくれるはずだと思う。「いざという時、国民の大半は逃げ出す」なんて思う政治家より、国民のほうがよほど健全なのかもしれません。

2-14 こうすれば憲法はアップデートすることができる

宇野　今の日本という言論空間が「防衛」についての議論をタブー視して、できなくさせているという話は、とても根が深いものだと思います。たとえば大阪の橋下徹市長を擁する「維新の会」の主張を聞いていると、そこには九条を改正することによって日本人の戦後民主主義的なメンタリティが叩き直されるといった物語が付随している。僕も改憲論者の一人だけれど、この発想にはどうしてもついていけない。申し訳ないけれど、この改憲論は教条的な左翼の護憲論の裏返しでしかないと思うんです。

たとえば僕は「憲法九条を世界遺産にしよう！」という文化左翼の言葉と、「憲法九条を改正して〈普通の国〉になろう」というかつての保守派の言説は、コインの裏と表のようなもので、実はまったく同じ論理構造でできていると思います。つまりどちらも偽善、もしくは偽悪を受け入れることで近代国家として成熟するべきだと説いている。主張自体は真逆だけれど、どちらもアイロニカルな物語を文化空間で共有することで個人と国家を結びつけようという発想に基づいている。けれど、これまで確認してきたように、こうした発想は冷戦下の国際秩序があってのものです。冷戦構造がなくなれば、当然、こうした個人と国家を結びつける物語回路が機能するわけがない。けれど、悲しいことに今の日本では護憲派も改憲派も、そのことに気づいていない。彼らは国家が国民統合のために語る「物語」として憲法を捉えている。この発想を捨てない限り、たとえ「改憲」が実現したとしても、それが「機能する」憲法を手にすることにはつながらないと思うんです。

石破　なるほどね。私が憲法を変えたいと思う理由はとてもシンプルで、そこにはイリュージョン、幻想が書いてあったり、現実と大きく違うことが書いてあったりして、責任ある独立国としての憲法にふさわしくない部分があるからなのです。

たとえば憲法前文には、「日本国民は……平和を愛する諸国民の公正と信義に信頼して、われらの安全と生存を保持しようと決意した」という文章がありますが、そんな決意をした人は、いまやそんなにいないでしょう。私は金正日や金正恩という人に会って話したことはありませんが、では、公正と信義に厚い人だと思うかといったら、この間のミサイル騒ぎ一つとってもそれは難しいですよね。宇野さんの言葉を借りれば、以前はそんな嘘を信じたふりをすることに意味があったのかもしれない。けれど、私はずっとそんな時代は

図17　日本国憲法

日本国憲法前文より抜粋
日本国民は、恒久の平和を念願し、人間相互の関係を支配する崇高な理想を深く自覚するのであつて、平和を愛する諸国民の公正と信義に信頼して、われらの安全と生存を保持しようと決意した。われらは、平和を維持し、専制と隷従、圧迫と偏狭を地上から永遠に除去しようと努めてゐる国際社会において、名誉ある地位を占めたいと思ふ。

日本国憲法第九条
（第一項）日本国民は、正義と秩序を基調とする国際平和を誠実に希求し、国権の発動たる戦争と、武力による威嚇又は武力の行使は、国際紛争を解決する手段としては、永久にこれを放棄する。
（第二項）前項の目的を達するため、陸海空軍その他の戦力は、これを保持しない。国の交戦権は、これを認めない。

過去のものだと主張してきたんです。
九条第一項の条文は、前文とセットになっています。でも、国の根幹たる憲法で、こんなフィクションを前提にしているのは非常識です。
「日本は、絶対に侵略戦争はしません。ただ、不法な侵略を受けたら、自衛の措置は取ります」ということを言いたいのだから、九条第一項は「日本国民は、正義と秩序による国際平和を心から願い、侵略の手段として武力を一切行使しないことを、ここに宣言する」と素直に書けばいいと思う。長い間、こうした改正ができなくて、「自衛隊は軍隊なのか？軍隊ではないのか？」「国際法的には軍だが、国内法的では軍でない」と、そんな不毛な解釈でずっとやってきた。九条第二項に「陸海空軍その他の戦力は、これを保持しない。国の交戦権は、これを認めない」と書いてあるから、自衛隊は軍だと言えないわけです。憲法改正して「自衛のために陸海空軍を保有する」と改めれば済む話です。

宇野　それが現実的には妥当だと考えている人はとても多いと思うんです。しかし、この国の言論空間では、こと平和憲法については理念的というか、文学的なレトリックで語らなければいけないことになっていて、現実の平和と安全のために何が必要かという政治の言葉が最初から議論から排除されてしまう。

石破　憲法を改正して、「日本国は国の独立と平和を守り、国と国民の安全を保つため、陸海空の自衛軍を保有する」「自衛軍は国際平和を築くためにこれを用いることができる」と書けばいい。「国の交戦権は、これを認めない」というのもナンセンスです。

交戦権というのは、普通ならば殺人罪、器物損壊罪、傷害罪になる行為であっても、その違法性が阻却されるという国際法上の権利です。日本国政府はこの交戦権を、「交戦国が国際法上有する種々の権利の総称であって、相手国兵力の殺傷と破壊、相手国の領土の占領などの権能を含むもの」としながらも、「我が国が自衛権の行使として相手国兵力の殺傷と破壊を行う場合、外見上は同じ殺傷と破壊であっても、それは交戦権の行使とは別の観念のもの」なので許される、と解釈しているんですね。苦しいでしょう？

だからこそ、憲法は改正しなければならないと私は言っているわけですが、しかし、憲法が改正されるまで、集団的自衛権は行使できない、というままで放置しておいていいとも思えません。これまでも自衛隊の運用や集団的自衛権については、すべて政治のニーズで解釈をしてきました。状況が変われば政治判断も変わる。判断が変われば解釈も変わる。これは当たり前のことです。ですから、憲法九条を改正しない限り、今の解釈を続けるというのは、結局何もやらないと言っているのと一緒なのです。

ですから、今年（二〇一二年）自民党は、「集団的自衛権の行使を可能とする」ことを盛り込んだ、「国家安全保障基本法案」の概要を党として機関決定したわけです。もちろん党内の議論は生易しいものではありませんでした。私は「従来の政府の解釈自体が誤っているのだから、解釈を改めればいい。憲法そのものを改正する必要はなく、集団的自衛権行使の要件を厳格に定めた法律を国権の最高機関である国会で成立させるべきだ」という立場ですが、「自民党政府は今まで『憲法九条において許容されている自衛権の行使は、我が国を防衛するため必要最小限度の範囲に留まるべきものと解釈しており、集団的自衛権の行使はその範囲を超えるものであって憲法上許容されない』としてきた。今までの立場と整合しないような解釈の変更は許されず、行使を可能とするためにはあくまで憲法の改正によるべきだ」という立場にも相当の賛同はありました。

だったら、今まで言ってきた「必要最小限度」の範囲が変わったのだと考えればいいのではないか。これが侃々諤々の議論の末に出された知恵でした。「内閣法制局の打ち立てた憲法解釈は、内閣が替わったからと言って変更できるものではない」というのが法制局の立場ですが、だからこそ内閣提出法案ではなく、議員立法でこれを乗り越えるべきだと思います。そもそも解釈変更など、たとえ総理が会見で表明したり閣議決定がなされたりしたところで、自衛隊は行動のための根拠法がなければ一ミリも動けないのですから、いずれにせよ「集団自衛出動」のような行動類型を定める法律は必要になるんです。今後何もしないとすれば、それは立法府が怠惰であることの証明でしかありません。

　憲法、ましてや憲法解釈のために国があるわけではありません。法案を堂々と掲げ、総選挙において国民の判断を仰ぎたいと思います。野党である今だからこそ従来の解釈を改め、総選挙で世に問い、支持を得れば、議員立法で内閣法制局の解釈を改めることができる。そう考えると、今の状況は千載一遇の機会なのかもしれません。

宇野　ニーズに合わせて憲法解釈を変えることによって、今の現実にフィットするようにしようと。それが「機能する憲法」だ、と。だからと言って、改正せずに解釈改憲だけでいいのかと言ったら、そんなことはない。そもそも条文的に現実と齟齬《そご》があるのだから、憲法九条そのものも将来的には変えたいということですね。

僕は九条に限らず、これからの国民主権というものを真剣に考えるのなら、憲法を必要以上に文学的な、精神的なものと捉え、神聖視するのではなく、状況に応じて少しずつアップデートしていける政治をつくるべきだと思うんです。憲法を尊重し、重視することと、神聖視してアンタッチャブルなものにすることとは異なるはずです。

石破　そのためにはまず「衆参三分の二の発意と国民投票の二分の一の賛成」という改憲の要件を緩和しないと、憲法の改正は相当難しいわけです。私は、「衆参二分の一の賛成と国民投票」でいいと思います。衆参二分の一だって、かなり大変です。法律や予算、条約であれば、衆議院の優越があり、衆議院が三分の二で再可決したらいいわけですが、憲法改正は衆議院と参議院が対等なわけです。それに加えて国民投票ですから、現行の衆三分の二、参三分の二、プラス国民投票というのは、ほとんど不可能に近い。まず改正条項を改正するところから始めなければいけません。

改正条項を変えたとしても、一条から最終条まですべてを「さあ、どうだ」と投票にかけるのは無理に決まっています。「〇条の改正には賛成だが、他の条文の改正には反対だ」という人は大勢いるわけですから、全部一度に改正などと言ったら、一体何を決めるのか分からない投票になります。これは、一つ一つやっていくしかないでしょう。まずは改正条項を改正して、環境権の導入など話しやすいところから始めるのがいいと思います。

2-15 歴史は「物語」ではない／歴史に〈if〉はあっていい

宇野　先ほど「維新の会」の話題が出ましたけれど、僕は彼らの政策に共感するところはたしかに多いんです。けれど、どうしても乗れないところがある。それがたとえば日の丸、君が代の事実上の強制だったりするんです。もちろん、僕は愛国心がそんなに悪いものだとは思っていない。けれど、ここにあるのは先ほどの憲法の問題と一緒で、教育が国民にある種の思想を物語として教え込むことで社会の秩序がかたちづくられていくという発想だと思うんですね。けれど、それは彼らがずっと敵視してきた戦後民主主義的な護憲勢力の発想を裏返しただけで、まったく現実的ではないと思う。むしろ不必要に政治問題を精神論の次元に下げて民度を落とす効果しかないんじゃないかと思うんです。僕は、こうした政治と言論の空回りの背景には、やはり歴史認識の問題があるように思えるんです。

石破さんはブログで「太平洋戦争を開戦し、日本を滅亡のふちに追いやった責任はどこにあるのか、これらが徹底的に検証されないまま、歴史教育を行ってきたことは問題だ」と書かれていましたね。

石破　「歴史の最大の教訓というのは、人間は歴史に学ばないということだ」と皮肉めいて言われることがありますが、それでは意味がありません。明治維新以降の歴史から日本がどこで間違えたのかを学び、そして将来、憲法について議論をする時には、「なぜ日本は、あの戦争を始めたのか?」「なぜ戦争を回避することができなかったのか?」「なぜ途中で止められなかったのか?」という検証をきちんと行わなければならない。それがないから、議論がまったく交わらないのです。これはやはり、独立を失った経緯についての我々自身の手による検証や反省が、ほとんどなされていないことが大きな原因です。

戦争中に起こったいろいろな問題についても、見解が真っ二つに割れていつまでも交わらないままなのは、決していいことではない。南京大虐殺と言われる事件にしても、一九三七年一二月時点の南京で日本軍の軍紀が非常に乱れていたこと、東京から監察官のような者まで現地に入ったこと、南京陥落の四日後に南京入りした中支方面軍司令官の松井石根大将が、日本兵による略奪、暴行、強姦事件の報告を受けて「南京攻略に成功し皇威を輝かせたのに、兵の暴行によって一挙に貶《おとし》められた」と泣いて怒ったことなどを考え合わせれば、規模はともかくとして虐殺があったことは事実と言わざるを得ない。

一方において「通州事件」では日本人も虐殺されているのであり、このような事実を一つ一つ検証して、歴史を解明し、誤りを繰り返さないようにしなくてはなりません。このようなことを言うと、一部の雑誌からは「やはり石破は中国寄りだ！　軍事オタクの左翼だ！」と批判されてしまいますが。

宇野　軍事オタクの左翼ですか（笑）。

石破　そうした、議論が交わらないことを避けるには、ディベートをするのが一番ではないかと思うんです。太平洋戦争が正しかったのか、間違っていたのか。A級戦犯というのをどう考えるか。そこには、いろいろな立場があるわけで、何も一つの価値観を教え込む必要はない。ですから、中学や高校のうちから、生徒同士のディベートを行うべきだと思います。結果、どちらの立場が勝利してもいいんですが、学生同士で、どちらが正しくてどちらが間違っているか、とディベートしてみる。それに日本人が全体として慣れてきて初めて、私たち日本人自身の手で、一回国を失ったことについての検証ができるのではないでしょうか。

宇野　じゃあ、どうすればその「検証」する視点をきちんと教えることができるのか。僕なりに何度か考えたことがあるんですけれど、そのたびに引っかかるのが「歴史に〈if〉はない」という言葉なんですよね。でも、僕はそうじゃないんじゃないかと思う。実は、歴史

石破　のifを考えることが歴史を学ぶ上では一番大切なことなんじゃないかと思うんです。「もしこうだったら」という話は大事です。猪瀬直樹さんが書かれた『昭和16年夏の敗戦』（中公文庫）という本がありますが、それを読んで目から鱗が落ちました。「合理的にデータに基づいて考えれば、アメリカとの戦争には勝てない」と、昭和一六年の夏、つまり日米開戦の前に結論が出ていたわけです。ところがその結論に対して「机上の空論」とか、「貴様は日本人の魂をどこに置いた！」とか、「非国民」「戦は時の運」とか、理屈にもならない屁理屈で戦争に突入し、国民をだましてきた。陸軍も海軍も軍備を整えてきて、今さら、「戦争なんてできません」とは言えなかった。

突き詰めて考えることなしに、最後は「まあ仕方ないか」「やむを得まい」ということで、あの戦争に突入していった。だいたい日本人が「やむを得まい」と言ってする決断に、ろくなものはありません。

宇野　僕が高校生の時に、「新しい歴史教科書をつくる会」の運動がすごく盛り上がっていて、注目を浴びていたんです。彼らは一様に、「物語を語れ」と主張していました。「今の日本には物語がないから、国民がばらばらになって公共心がなくなっているんだ」と言っていた。

2-15　国民主権の再設定

僕はそこにすごく違和感があった。やはり歴史は物語ではないのではないか、ただの事実の積み重ねなのではないか。それを一貫した価値観に基づいた物語として読んでしまうと、歴史から学ぶことからむしろ遠ざかってしまう。やはり歴史は物語ではないのだから、ifの可能性をどんどん考えるべきだし、そこにしか歴史を学ぶ意味はないはずなのに、どうしても自分探し的な動機から都合の良い物語を語ろうとする。実はこれって、左翼も一緒ですよね。

石破　それはやはり、教育の過程でディベートをしてないからではないでしょうか。「自分が為政者であったら、どうするか」という考え方を教えないわけですよね。第一部でも言いましたが、国民主権というのはそういうことなのではないか。国民が主権者というのは、結局自らが為政者だったらどうするか、ということを考えて一票を投じることです。それが主権者だと思います。

宇野　すでに完成された物語を受け身で学ぶのではなくて、自分が当事者としてifの可能性をゲーム的に検証することが歴史を学ぶことなんだと思います。

石破　そうですね。「では、その時どうすべきだったのか」ということを自分の頭で考える訓練をすべきなんだと思います。物語はいろいろあっていいんですが、それをただ覚えるだけでは教訓に学ぶことにはならないでしょう。日本という国家はかつて進むべき選択肢を誤ったことがあった。どういう方向だろうと、それをごまかすことなく、「自分だったらどうするか」を訓練すべきだと思うんです。

宇野　「歴史から学べること」と「物語から学べること」とは別なんですね。

石破　私はそう思うんですが、「歴史は科学だ」と言うと反対する人がいっぱいいて、大変なんですよ（苦笑）。

宇野　でも、今のお話は若い世代を中心に意外と賛成してくれる人が出てくれると思います。というか、そうじゃないと、いよいよこの国は終わりですね（笑）。

2-16 利他性を育む教育は可能か

宇野　歴史教育に限らず、僕は現行の教育制度自体を見直す時期に来ているんじゃないかって思うんですよ。

僕は学生時代、ちょっとした事情があって学生サークルの人間関係について調べていたことがあるんですよね。そこで気づいたことがあるんですが、小学校から高校までの間は学校の中で無難にやっていたタイプの人、つまりクラスの中心にいた人気者でもなければ隅っこのほうに追いやられていたはぐれ者でもない、「普通の人」が大学社会でなぜかうまくいかないケースを結構見てきたんです。これはどういうことかというと、このパターンの人は小中高の学級制度に過剰適応した人なんですよね。

日本の戦後教育って、明らかに日本的なサラリーマンや専業主婦を育成するための、ある種のプログラムだと思うんです。だから、小中高ずっと学級制度で、同じ人たちと付き合って空気を読む訓練ばかりさせられる。ところが大学だとちょっと事情が異なります。高校までのような学級制度があるとは限らないので、特に都市部の大学では自分で自分が所属するコミュニティを獲得しないと人間関係が築けないわけですね。それがゼミなのか、サークルなのか、アルバイト先なのか、そのどれでもない別のコミュニティなのかは自分で選んで、自分で距離を取っていかなければならない。たいていの場合、二つ以上のコミュニティに所属することになるでしょうしね。だから小中高の教育に過剰適応した人は「与えられた箱」の中の空気を読むことはできても、「自分に合った箱」を探すノウハウはあまり身についていない、というわけです。

「これまで」はそれでも良かったと思うんです。だって終身雇用を前提とした日本的サラリーマンと専業主婦の育成を前提にしていたんですから。しかし、これからの教育はそれじゃいけない。僕は学校選択制も視野に入れた改革が必要だと思うし、あるいは小学校のわりと早い段階から、自分で部活動だったり授業だったり、自分が所属する共同体、クラスやグループを選ぶような訓練もどんどんしていくべきだと思います。それが教育制度における脱・戦後だと思うんですよ。僕はいわゆる「ゆとり教育」の是非よりも、こういったことのほうが本質的な問題だと考えています。

たとえば今、「無縁社会」なんて言葉もありますよね。いわゆる「ご近所コミュニティ」

が地方でも都市部でも衰退し、労使関係も以前よりかなりドライになっているために会社の人間関係からも切り離された結果、人間関係が築けない人が増えているという指摘があります。僕は、この問題って実は、意外と教育がポイントになるんじゃないかって思うんです。

石破　なぜ、若い女性は地方にお嫁に行きたがらないのか、という調査を以前どこかで見たことがあるのですが、ご近所コミュニティのお付き合いがわずらわしいから、という答えが多かったように記憶しています。ママさんバレーとか、婦人会の集まりとかにかり出される。果ては選挙の手伝いまでさせられる。それはそれでいい面も多々あるとは思うのですが、「私は私よ」っていう考えとは相容れない。やはりご近所コミュニティというのは、崩壊は不可避なんでしょうか、どうなんだろう？

宇野　やはり、ご近所コミュニティがなくても回っていく世の中をつくるほうが現実的だと思います。僕は、高田馬場にある結構古い集合住宅に住んでいるんですが——だいたい、五〇代、六〇代の家庭ばかりですが——町内会に入っていないんですよ。それでもやっていけるのはなぜかというと、都市部ということもありますが、同業者の友達が近所に住んでいて、今はインターネットとか携帯電話もあるから困った時はすぐ相談できる。僕の考えでは、このほうが良い。ご近所コミュニティだと、もし、そのご近所でうまくいかなかったり、いじめられたりした時、引っ越す以外に抜ける方法がないじゃないですか。でも、趣味のつながりだったり、個人的なつながりだったりすれば、そんな人間関係は切ればいいわけです。だから僕は、もう小学校の段階からネットでもなんでも使って自分で友達やコミュニティをつくる訓練を積ませるべきだと思いますよ。

石破　なるほどなあ。私の考える教育の本質はどちらかというと「基礎の強制」なんです。ですから、ある程度の社会的な常識や、読み書きそろばんという基礎的な技術、それだけは、子どもが嫌だと言おうが、何と言おうが、身につけさせるものだと思います。最低限社会で生きていくための技術については、いわゆる「ゆとり教育」みたいに自由にすべきだとは私は思いません。社会で生きていくための最低限の力については、画一的にむりやりでも教え込むべきだと思う。今、分数ができなくて、1/2＋1/3＝2/5なんて、そんなことを言う大学生が本当にいるそうですけど、それじゃあ困る。基本的な学力は、やはりきちんと身につけないと。また、「他人を傷つけない」「他人のものをとらない」「嘘をつかない」といった最低限の社会のルールについては、少なくとも小学生くらいまでに叩き込むべきだと、私は思います。

ただ、生徒は教師を選べません。ですから、国は教師の質について保証できる体制を整えるべきです。教え方の下手な教師、使命感のない教師は、子どもの勉強嫌い、学校嫌いの大きな原因になる。

宇野　「子どもは教師を選べない」ということは、この問題についてとても本質的です。僕個人は、特に小中学校の先生についてはあまり尊敬の念を抱けなかったケースが多かったんです。どちらかと言うと、塾の先生のほうが人間的に好感が持てたし、教科書に書いてある以上のことを教わったように思えるんです。学校の先生は「人生とは……」と説教したがる人が多かったけれど、塾の先生にはそれがなかった。やはり受験対策のノウハウをとにかく叩き込んでくれる。そしてたまに息抜きに雑談が入る。その雑談はたいてい最近観たこんな映画が面白かったとか、どこどこにスキーに出かけたといった趣味の話や、「お金がなくてカレーに具を入れることができない」とか、「パチンコで〇万円すった」とか彼らのそれほどぱっとしない大学生活の話なんだけれど、僕らはそこに人間味を感じていたんですよ。だから、「ああ、大人になるとこんなに豊かな世界に触れることができるんだ」と思わせてくれたんです。これは、建前じみた説教を繰り返す学校の先生にはない魅力だったように思えるんです。だから僕は学校ではどちらかと言えば、この人たちもプロに徹して、ノウハウだけ教えてくれたほうが尊敬できるのかもしれないなってずっと思っていました。

石破　なるほどなあ。でも、日本では宗教が基本的に個人の内面に留まっていて、社会の中であまり大きな機能を果たしていない面があるのではないでしょうか。宗教観に基づく道徳的な思考や行いを、社会として学ばせる場所や機会があまりない。どんなに少なくなったとはいえ、西洋では教会などで、宗教を通してそれを教えています。アジアの国々でも、イスラム教や仏教、あるいはヒンドゥー教が、その役割を担っている。ところが我が国にはそれがない。ですから、道徳観や価値観を誰がどう教えるかという問題には、どうしても逢着せざるを得ないと思います。

宇野　たとえば、私は四代目のキリスト教徒です。曽祖父（金森通倫）は、出身は熊本ですが、新島襄と一緒に同志社大学をつくったという、すごい人だったそうです。晩年はアメリカに渡って英語でキリスト教を広め、日本に帰ってからは星亭と一緒に自由党をつくった。キリスト教界では有名な人らしいです。最後は洞窟にこもって隠遁生活をして「今仙人」と呼ばれていたという話です。

石破　それはすごい。まさに求道者ですね。

宇野　その息子である母方の祖父は、それを見て「これではいかん」というので東大を出て内務官僚になった。そんなこともあって、私は四代目のクリスチャンとして、幼児の頃からキリスト教の中で育ちました。父親（石破二朗）は浄土宗ですが、母親の家系はそんな感じだったので、かなり宗教的な雰囲気の中で育っています。私は、あまり出来が良くなくて、キリスト教を人々に広めるということはしていませんし、家内や娘たちにも伝道できていませんが。

宇野さんのおっしゃった、「学校では知識だけ教えてくれればいい」という話ですが、では、誰が道徳とか、そういうものを教えるのか、というのが心配になるんですよね。私は自分が道徳的な人間だとはまったく思いませんが、簡単に言うと「お天道様は見ているんだ」という感覚、我々クリスチャンであれば「神様は必ず見ておられる」という感覚、それを持っていない人が多いのではないかと思うわけです。バレなければ何をやってもいいと思っている人が、結構いるような気がするんです。

宇野　そうですね。「お天道様は見ているんだ」という感覚は、日本ではどうしても「世間様に顔向けできない」という感覚としてしか認識されていないと思うんです。要するに、ムラ社会のメンバーにバレて糾弾されることが一番恐ろしいことで、逆を言えばムラの「空気」を読んでいれば何をやってもいいわけです。これはクリスチャンの石破さんの感覚とはかなり違うと思います。

はっきり言ってしまえば、だからこそ日本には市民社会も民主主義もいまだに根づいていないんだと思う。社会契約も市民社会も民主主義も、全部西洋の「神様は必ず見ておられる」という感覚が社会で無意識に共有されていることを前提に生み出されたものだと思うんですよ。だから日本では自分が為政者だったらどうするのか、何を試されているのかという感覚で政治を考える文化がなかなか根づかない。「神様」とは違って「世間」はそんなことを要求しませんからね。

だとすると、考え方は二通りあると思うんですよ。一つは日本人を教育してなんらかのかたちで「神様は必ず見ておられる」という感覚、「お天道様は見ているんだ」という感覚を植えつけていくか。もう一つは何かうまいしくみを考えて、「世間様に顔向けできない」という感覚を逆手に取った日本オリジナルの公共性を考えていくのか、だと思います。ちなみに、僕はこれまで話してきた戦後の文化空間は後者の方法が中途半端に実践されることによって形成されたものだと思います。あえて偽善を引き受けて九条を遵守する、あるいはあえて偽悪を引き受けて九条を改正する、といった物語が個人のアイデンティティと国家を結ぶものとして機能していたということは、この「あえて」の精神を共有する人たちがつくる「世間」が公共性を支えていたことを意味すると思うんです。けれど、再三指摘するように冷戦終結と同時に、いやそれ以前にこんな回路は壊れてしまった。キリスト教のような長い射程を持つものではなく、たまたま成立した国際関係の力学に依拠した回路では、やはり数十年しかもたなかった。

これは小沢一郎さんの言っていた「普通の国」のオルタナティブとして「〇〇である

国」というビジョンを出すということとも深くつながっていると思うんです。日本の市民社会は機能していない、なんとかつくり直さなきゃいけないと言った時に、欧米的なかたちでの自立的な個をつくっていくべきなのか、もっとアジア的な、あるいは日本的な市民社会のあり方があり得るという風に考えるのか、ここが日本の、これからどんな社会をつくっていこうとするかという時の大きな分かれ道のような気がします。

石破　一つ言えるのは、人は自分に余裕がないと決して人に対して優しくなれない、ということです。それは間違いない事実だと思う。環境が整わないと、利他性というのは生まれない。「衣食足りて礼節を知る」という話ですが、人に対して親切であろうとすれば、自分に余裕がなくてはダメなのです。だから、人に親切であるために自分の能力を磨かなければならない、ということです。

自分よりも弱い立場の人に何かするのは、別に立派なことでもなんでもない、当たり前のことなのです。これは強制的に教えるべきだと思う。ただ、愛国心みたいなものは、そもそも強要するような性質のものではないですよね。

宇野　公共性というものを確保する時に、愛国心を教育基本法に書いたりするといった、トップダウンで国民に価値をすり込むアプローチはあまり有効ではないだろう、ということですね。公共性を担える人間をつくろうとする時に、愛国心や物語をみんなに教えようというのではなくて、どうやって「利他性を生んでいくのか」ということをやらないと絶対に失敗するということですね。

石破　安倍元総理の教育改革に懸ける理念は、あまり知られていないかもしれませんが、あれほどの熱意がなければ教育基本法の改正はできなかった。非常に重要なことだったと思います。ただ、それとは別の話として、「利他性」という、あまりこなれていない言葉ですが、これは本当に難しい、でも一方で教育そのものの根本にかかわるような問題であるように思います。私の父親は「人の役に立つ人間になるなどというより、まず人に迷惑をかけるな」とよく言っていましたが、自分を省みて恥じ入るばかりです。

第三部

こうすれば、日本は変えられる

3-1 こんな〈政治〉を実現したい

宇野　これまでずっと、こんな日本をつくりたいというテーマでお話しさせていただいたのですけれど、最後に改めて、これからのこの国の政治のあり方について考えてみたいと思います。これまで話してきた夢の車、夢の日本の構想があったとして、ではその魅力だけで国民の、とくに若者の政治への信頼を取り戻すことができるのかと言ったら、たぶんそれはとても難しいと思うんです。

石破さんに初めてお会いしたＮＨＫの討論番組は「政治漂流」がテーマだったと思います。申し訳ないけれど、今の自民党と民主党の明確な区別を僕ら国民にはつけられません。どちらの政党も呉越同舟の幕の内弁当で、右から左まで、親米から反米まで、ネオリベから社民まで一通りそろっている。だから選挙のたびに石破さんのおっしゃる「甘い夢」を語り、国民に「嘘をつく」マニフェストを両党とも提示する。せいぜい、野党に回った側がはっきりと「増税」と書ける程度の差しかない。その結果、バラマキ対バラマキのまさにサスティナビリティを放棄したマニフェスト選挙が行われる。当然、そんな選挙で誕生した政権は行き詰まる、そして一年ごとに総理大臣が代わる。こんな状態がもう何年も続いている。この状態を打開するためには、やはりなんらかのかたちでの大きな政治改革が必要なんじゃないかと僕は思うんです。たとえば、ずっと言われているのが首相公選制の導入ですよね。

石破　昔、中曽根（康弘）さんが一九六〇年代に、首相公選制をアピールされたことがありました。その時のキャッチフレーズは「首相と恋人は自分で選ぼう」でした。ところが、「そんなことやったら長嶋茂雄が首相になるぞ」という話になって、時代が下ると「ビートたけしが首相になるぞ」とか、今だったら橋下徹さんがなるのかもしれませんが、それで本当にいいのかと言われたわけです。横山ノック（元大阪府知事）を見ろ、青島幸男（元東京都知事）を見ろ、と言われながら、この話はいつも浮かんでは消え、浮かんでは消え、の繰り返しです。

アメリカはどうでしょうか。ロナルド・レーガンは確かに俳優出身でしたが、アメリカの場合には共和党なら共和党、民主党なら民主党で、一年間かけて、ディベートにディベートを重ねて、候補者を選別していくわけです。このやり方がすべて正しいとは言いません。なぜなら、ものすごくお金がかかるし、あのネガティブキャンペーンはいくらなんでもひどいと思いますから。

しかし、メディアがいくら虚像をつくろうとしても、ディベートをずっと積み重ねていくことによって、本物とニセモノがだんだんとわかってくるのが、アメリカの歴史の知恵なのだと思います。

日本の場合は、たとえば最近の総合雑誌を見ていると、『Voice』では「橋下徹こそ国を救う！」みたいな論調だし、『WiLL』という雑誌では、「こんなやつはヒットラー以外の何者でもない」みたいな話で、まったく交わっていない。極端に偏って、「彼こそ国を救う」とか「国を滅ぼす」とか言っている。

それよりも、どうすれば本物とニセモノをふるい分けられるシステムをつくれるかということではないでしょうか。そうしたシステムを確立しないままに首相公選制を導入すると、やはり、とんでもない人が出てくる可能性を排除できないでしょう。もちろん議院内閣制は、ベストというわけではないと思います。しかしどのシステムも一長一短なのであって、きちんとしたセレクションシステムを持たないで大統領制をやるととんでもないことになるかもしれないから、セカンドベストとして議院内閣制がある、という考え方もできるのではないでしょうか。

宇野　これは手厳しいですね。要するに今のお話は、日本社会は民主主義がいまだに未熟なので首相公選なんて危なっかしくて導入できない、というお話に聞こえます（笑）。僕も実は首相公選は反対の立場です。市民社会の成熟、未成熟以前に僕はそもそも日本社会には一人の強いリーダーを選ぶという制度はそぐわないように思えるんです。これははっきり言ってしまえば文化の問題で、誰がリーダーになってもあら探しして、引きずりおろしてしまうこの国の文化空間に対応するには、むしろ強いリーダーなんかいなくてもきちんと回っていく制度を考えたほうがいいんじゃないかと思うこともあるんです。

石破　もし仮に首相公選制を導入するというならば、当然、憲法を改正して、議院内閣制をやめ、行政府と立法府を切り離してバランスさせなければいけないと思います。

　橋下市長にしても、あるいは横山元知事にしても石原知事にしても、毀誉褒貶《きよほうへん》ありますが、地方自治体は明確に首長公選制であり、議会との二元代表制で、議会が地方行政権から独立しているから、権力がバランスしているわけです。これで地方議員から副知事を出すとか、建設部長を兼務するとか、そんなことをしたら議会は御用議会になってしまう。ですから国政でも、セレクションシステムを確立し、議会と行政を完全に分離して緊張関係を保つ。そして公選首長の任期は二期八年までとする。これらの条件をクリアすれば、首相公選制を導入してもいいのではないでしょうか。

国会の信任によって内閣がつくられ、内閣は国会に対して責任を負う、という議院内閣制のもとで、少しでも首相公選に近いかたちにしようとしたのが小選挙区制です。

最後の中選挙区制度による総選挙から二〇年になりますから、若い方はもうご存じないかもしれませんが、中選挙区制度とは、一つの選挙区に複数の同じ党の候補者がいて、同じ党同士で争うというしくみでした。かつての私の選挙区であった鳥取全県区は定数が四人で、自民党から三人、社会党から二人の、実質五人で争っていました。基本的に自民党の支持層と社会党の支持層は重なりませんから、同じ政策を掲げる自民党の候補者同士が自民党支持層の中で争うことになります。国政においては同じ政策なのだから基本的に政策の争いにはならず、どれだけ地方に利益をもたらしたか、どれだけマメに地元に帰っていろいろな会合に出席したか、などという国政とは関係ない要素で決まってしまう面があったのです。

それぞれの候補者は、私が渡辺派、他の候補者が宮澤派、竹下派という具合に派閥に所属し、派閥領袖は自分が自民党内で多数の議員を獲得して総理総裁になるべく、資金、ポスト、選挙応援、の三つの武器を駆使して所属議員を支援し、議員は自分の派閥の領袖に忠誠を誓って政治活動を行っていました。だから選挙の時には、自分の派閥の領袖や幹部しか応援に来ませんし、選挙も「自民党を支持してください！」というより「〇〇先生を総理にするために、私に一票を入れてください!」という感じになる。同じ層をターゲットに争うのだから、自民党同士がライバルで、なんの恨みもないはずなのにまるで不倶戴天の敵みたいになってしまい、地方議員や首長もすべて代議士の系列に分かれて反目し合っていました。

「故郷の村祭り」みたいに選挙はとても活気に満ちていましたが、同じ党の候補者でも「党の政策と自分は違う」というようなことを平然と唱え、いざ当選したらあっさりとそれを覆すような候補者もいて、国の政策は二の次、三の次のようなありさまでした。「国会議員であり続ける秘訣は、国政を語らず地元の利益を語り、国会にいないでなるべく地元へ帰ること」などと言われ、べらぼうにカネもかかり、地盤、看板(知名度)、鞄(選挙資金)のいわゆる「三バン」で有利な二世議員が多くなりました。

いくらなんでもこれはまずかろう、ということで、一つの選挙区に同じ党から一人だけ公認する、候補者は所属政党の党首を総理大臣にするべく党の政策を訴える、という小選挙区制度に移行したのです。

ところが、小選挙区制が機能するための三つの条件が、未だに成立していないんですね。第一に国会議員が国の仕事に専念するための地方分権、第二に政党が国家に関わる基本的な政策について明確な選択肢を示すための政界再編、そして第三になんのために存在する政党なのかを明らかにするための政党法の制定、というのが、重要な前提条件だったんです。

二〇一二年の国民新党の騒ぎ（消費税増税法案によって当時の亀井静香代表が連立与党から離脱しようとしたところ代表を解任された。総会招集の権限や代表選出の明確な規定が党則にない不備が指摘された）を見ても、いかに政党というものがいい加減かというのがよく分かったのではないでしょうか。一体、政党とはなんなのか。だから私は二〇年も前から、政党法をきちんとつくろうと言ってきたわけです。国民から政党助成金を受けるという権利を享受するなら、国民に対して義務を果たさなくてはなりません。この党は何をする政党で、党首はいかに選ばれて、党の意志決定はいかになされるか、入ったお金をどう使ったか。それくらいのことは国民の前に明らかにするべきです。

地方のことは地方に任せ、国会議員は国政に専念する、という地方分権、同じ主義主張の者が一つの政党を構成するという政界再編、政党の存在意義を明らかにし、国民に対する義務を果たすという政党法の制定、この三つが実現して初めて、小選挙区制は正しく機能するものだったのです。

もっとも、このようにしたとしても、結局は国会議員が総理を選ぶのですから、大統領制のようにはならないでしょうね。知事や市長に対する支持率が比較的高く、総理に対する支持率が低いのは、「市長や知事は自分たちで選んだのに、総理は国会議員が勝手に自分たちの都合で選んでいる」という意識が国民にあるからなのでしょう。

宇野　このまま首相公選制を導入すると、小選挙区制を導入した時の失敗とまったく同じことが繰り返されるということですね。

石破　そして僕も政党法の整備は重要だと思います。たとえば今、自民党に入党したとしても、どうすれば具体的に党の意志決定に関われるのかというのはまったくというほど国民に知られていないじゃないですか。公明党や共産党にいたってはほとんどブラックボックスのようなイメージすらある。たとえば僕は政党法を整備して、政党に実際に党費を払って入党することで、党の政策決定や候補者選びに明確なルールのもとにコミットできるようなしくみも考えるべきだと思うんです。僕はこのレベルで今の民主主義のしくみは改善していかないと、どうしようもないんじゃないかと思っています。

まず今の衆議院、参議院という制度の意義から問い直す必要があるでしょう。今の制度は、衆議院、参議院ともほとんど似たような選挙制度で、衆議院の優越も総理大臣の指名、予算、条約などに限られており、予算も予算案自体が通ったとしても、関連法案や特例公債法案などは法律ですから、参議院で否決されたら衆議院で三分の二以上の多数で再議決しない限りどうにもなりません。同じ議会が二つあるようなもので、誤りを正す慎重

図18　国会議員選出のしくみ(2012年現在)

	衆議院	参議院
議員定数	480人	242人
選挙区	比例代表区 180人	選挙区選出 146人
	小選挙区 300人	比例代表選出 96人
任期	4年(解散あり)	6年(3年ごとに半数を改選)

審議が可能となる、というメリットの半面、いたずらに時間がかかり何も決まらない、というデメリットが生じる可能性を否定できません。

一九五五年の保守合同までは、参議院には「緑風会」という大きな会派があって、大臣を出さず、行政権から独立し、不偏不党の精神で参議院の独自性を発揮しようとしていました。この試みは結局、政党化の波に呑まれてしまうのですが、二院制の特色を発揮するためのシステムとして検討する価値があるように思います。外交、安全保障、財政、社会保障制度などのように、目先の利益や選挙にとらわれない長期的視点で解決しなくてはならない課題については、六年間の任期が保証されているという立場を持つ参議院で優先して審議が行われる、というような方法もあり得るのではないでしょうか。

宇野　参議院が単に国会を「決められない」装置にするものとしてしか機能していないという厳しい指摘も、現にありますからね。僕はそもそも、二院制度で熟議とポピュリズムのバランスをとるという発想自体が今の日本では機能していないと思うんですよ。だから外交や安全保障、農政といった専門性の高い分野は専門家の意見を効率的に収集するしくみを補助にして、一院制にしてしまったほうがいいと思うんです。もっと言ってしまうと、石破さんのおっしゃる通り、そもそも日本には市民社会が、民主主義そのものが根付いていない。つい最近まで、選挙による政権交代すらなかったわけだし、市民運動の文化も、はっきり言ってないに等しい。だから「普通の国」を目指して、とりあえずカタチだけ、欧米に倣って小選挙区制を入れて、二代政党制化を促してきた結果、こんな「政治漂流」状態になってしまった。市民運動にしたって、思考が二〇世紀で止まっている「リベラルな」左翼系の学者先生が欧米の「新しい市民運動」を紹介しては、その取り巻きの「文化人」たちがそのマネして日本でも運動ゴッコを始める。それは結構なことかもしれないけれど、そんなマッチポンプの運動では結局民意を吸い上げるものにはならず、狭い仲間うちのサークルの自己満足に終わってしまう、ということをくり返しているところがある。どちらも、欧米のどこかのモデルをコピーすれば、民主主義後進国である日本が「普通の国」になって、市民社会が成熟するという発想が共通しています。

しかし、第一部で石破さんが指摘されたように、「普通の国」なんてどこにもない。アメリカはアメリカの、イギリスはイギリスの、ドイツはドイツの、それぞれの社会や文化に対応した独自のモデルを時間をかけて熟成させてきたはずなんです。

これからの日本に必要なのは、日本的民主主義、ないしは日本的市民社会を独自につくっていくことではないかと思うんです。その第一歩が、熟議とポピュリズムとのあいだでバランスをとる両院制というシステム自体の見直しだと思います。

たとえば僕は、市民運動よりはコストが低く簡単にコミットできて、今の選挙よりは直接民主制に近くて、やりがいを感じやすいようなモデルを考えてもいいと思う。単純に考えて、今の「選挙」は有権者の意識を低くしてしまうような制度になってしまっているし、「市民運動」は逆に意識が高すぎるというか、自分探し的に「反対することが生きがい」になってしまっていて、本当は国家や社会のことなんかどうでもいいような人が中心になって、大衆から離れてしまっていますからね。

3-2　インターネットは政治を変えるか

石破　私は今、インターネットというものが政治をどう変えていくのかに関心があるんです。私のブログには、多い日は三〇〇件、少ない日でも五件か一〇件のコメントが来ます。しかし、ほとんど本名を名乗らない。あれは一種独特の空間だと思いますね。

宇野　本名を名乗らないからこそ、自由に自分の意見を言えるんだと思うんです。それを日本人の未成熟だと批判するのは簡単だと思いますよ。でも現実的に考えていくと、まずはそういう日本人の性根を受け入れて回っていくシステムをつくるしかないと思うんですよね。
　もちろん、それはベストなかたちではないかもしれない。しかし、実現不可能なベストよりもまずは実現可能なベターを目指すことが理想の実現のためには大切だと石破さんもおっしゃったじゃないですか。たとえ匿名でも、何もコメントがつかないより進歩していると思うんです。今までは居酒屋で愚痴を言っているだけだった人間が、直接国会議員のブログにコメントをつけることができる。無責任な主体から発せられるその意見一個一個はすごく愚かで卑怯なものが多いかもしれないけれども、その愚かさと卑怯さがインターネットでははっきりと目に見えることになる。これはこれで進歩のはずで、そこから始めるしかないと思うんですよ。

石破　それは、そうですね。よく国会議員が国民が政治家を信じてくれないからだということを言いますが、私は逆に、政治家は本当に国民を信じているのかと問いたい。国民を信じて本当のことを言ってきただろうか。本当のことを言ったら、選挙に受からない、票にならないということなのかもしれませんが、「当選しないから真実を言わない」というのであれば国会議員なんか存在意義がない。「どうせ国民に本当のことは分かりはしない」「みんな今の利益しか求めていない」と国民を見下して、甘いことしか言わない政治家は、国民を信じていないのではないでしょうか。国民を信じていない政治家が、国民から信頼されるなどということは、そもそもあり得ないことだと思うのです。

宇野　でもそうなってしまったのは、半分は僕たちメディアの人間の責任だと思うんです。今の日本では政党や政治家が本当に訴えたいことを国民に届ける回路も、国民が本当に知りたいものを伝える回路も麻痺しているように思えます。石破さんもブログやYouTubeを活用されていますが、僕は、インターネット以降はメディアというものが大きく変わると思うんです。

二〇世紀はメディアが世間の空気をつくる時代だった。二〇世紀前半はメディアを政治が悪用してファシズムが台頭した時代だと言えるし、後半はその反省からメディアがいかに権力から独立するかということがずっと問われてきた。けれど、二一世紀の現代は、強大になりすぎたマスメディアをどう自由化していくのかという問題に突き当たっているように思えます。たとえば石破さんが一時間インタビューを受けたとしても、それはマスメディアの考える重要な箇所だけを切り貼りされて報道される。つまり、これまでは新聞社やテレビ局が情報に優先度をつけていた。その結果、石破さん本人の意図と同じくらいメディアの意図が読者や視聴者の印象を決めてしまう。そしてマスメディアはポピュラリティの獲得を目的にしているので、最大公約数的にとにかく分かりやすく、扇情的な演出と編集を施すことになるし、逆に意識の高い記者やプロデューサーは自分の政治的意図のために善意から恣意的な編集を施すことになる。どっちにせよ、必要以上にマスメディアの力が肥大すると民主主義の根幹をなす世論形成がうまくいかなくなってしまう。これが今の日本の「政治漂流」の原因の一つでもあると思うんですよ。

僕と石破さんが出会ったあのNHKスペシャルも「政治漂流」の原因は総理大臣の人格にある、という結論に強引に持っていこうとしたじゃないですか。しかし単純に考えて、一年に一回総理大臣が代わり続けるなんて状況はシステムの側にも問題があるに決まっている。でも、番組的にそういう方向に突っこまないのは、リーダーの人格論のほうが分かりやすくて扇情的だからなんですよ。

石破　民主党も自民党も、議席を多く獲得すると右から左まで主義主張の異なる人が大勢いて、どこが違うのかよく分からなくなってしまいます。だから政策というより総理のキャラクターが強調される結果となり、就任直後のご祝儀期間が過ぎると「こんな人だとは思わなかった」というバッシングが始まって、やがて支持率が下がって短期間で交代してしまう、そんなことが繰り返されてきたわけです。

宇野　そこで、インターネットというか、ソーシャルメディアの力を使って、マスメディアの肥大によってもたらされた民主主義の麻痺を打開する方法を考えたいんです。

石破　ブログやイシバチャンネルという動画配信もしていて、インターネットで政治活動するのがいけないというほど頭は固くないつもりですが、あまり詳しいわけではないので、正直に言って、新しいことは、宇野さんのような若い世代に任せたい（笑）。ただ、どうなんでしょう、私自身は、まだ勉強しなければいけないと思うのですが、そうしたインターネットの技術に依拠していくことで、先ほどお話ししたような党首のキャラクターとかその時の勢いによる、いわゆる劇場型政治がよりひどくなるということになりはしないか、という意見もありますよね。宇野さんは、その点は、どう思いますか？

宇野　石破さん、ゲーミフィケーションってご存じですか？

これは運動や学習にゲームの要素を入れることで、人間を強く動機づけると同時にストレスなく、効果的に「ハマらせ」たり学習させたりする手法のことです。インターネットなどのテクノロジーの発展に伴って、このゲーミフィケーションが実にいろいろな場面に応用されていっているんです。たとえば先のアメリカ大統領選ではオバマ陣営が大規模なゲーミフィケーションをインターネット上で展開して、高い効果を上げています。

僕は政治の劇場化自体は別に悪ではないと思うんですよ。むしろ人間の想像力には限界があるので、なんらかのかたちで個人と国家、「一」と「多」を結びつける文化的な回路がいるんです。祭政一致の時代には、それは宗教が担っていた。政教分離の進んだ近代ではナショナリズムやマルクス主義などのイデオロギー、つまり物語がそれを担った。このイデオロギーはマスメディアを通じて社会全体に共有されて、国家を効率よくまとめあげた。しかし、そのせいでファシズムが台頭して、世界大戦が発生してあやうく人類が滅びかけたのが二〇世紀の前半ですね。だから二〇世紀の後半は、マスメディアが、どう政治権力から距離をとるかが重要視された。しかし先ほど述べさせていただいた通り、今度はマスメディアの力が肥大しすぎた結果、二〇世紀まで成熟（？）してきた市民社会のノウハウ、具体的にはマスメディアによる世論形成と成熟した市民のボトムアップ運動という組み合わせでは、国民の関心がどんどん政治から離れてしまい、意識の高い市民による熟議民主主義が成り立たなくなってしまった。要するにポピュリズムや政治漂流ですね。

だから僕はポスト・マスメディアの時代にふさわしい新しい劇場化のしくみが必要だと思うんです。宗教でも、マスメディアを通じたイデオロギーの共有でもない新しい方法、具体的にはソーシャルメディア的なものを前提とした「一」と「多」を結ぶ文化的な回路を考えないといけない。アメリカの場合はそれがたとえばオバマ陣営のゲーミフィケーション選挙だった。あれはもちろん、現代アメリカの情報環境や文化状況に適応したモデルで、日本にそのまま輸入するのは難しい。じゃあ日本ではどうするか……みたいなことを最近よく考えているんです。

たとえば石破さん、あの番組で僕がAKB48の総選挙の話をしたのを覚えていますか？あの悪名高い「AKB商法」は、少し見方を変えればなかなか面白い。これはたぶん日本で最も成功したゲーミフィケーションのひとつなんですが、「自分はこの人を応援したい」という気持ちを表現することはとても気持ちがいいので、お金を払ってでも参加したがるという人間の心理を突いている。これは従来の広告屋の発想からはなかなか出てこない。キャンディーズの『微笑がえし』をみんなで頑張って、ヒットチャート一位にしようとし

石破

た三〇年以上昔を思い出しますね。

宇野　総選挙も握手会のしくみそのものもよくできていて、その「自分が参加できる」感覚、そして自分のコミットがこの娘の人生を左右するんだという感覚を徹底的にファンが実感しやすいようにシステムが設計されているんです。

そしてここが重要なんですが、AKB48はデビューから数年間はテレビなどマスメディアからは一定の距離を置いて活動していたんです。ほとんど毎日、劇場公演や握手会をやって、ファンと交流していった。そうするとファンたちがネット、ソーシャルメディアで盛り上がってブームを拡大させていった。そして一大勢力を築いてからマスメディアに乗り込んでいったんです。何が言いたいかと言うと、今の日本の政治も、かなり大規模な世論形成や運動がマスメディアを経由せずに可能になっているんじゃないかということです。ここには現代の情報社会で人々に参加を促すノウハウがぎっしり詰まっている。つまり、マスメディアではなく、ソーシャルメディア的な公共性というものを考えてもいいんじゃないか、ということですね。

もちろん、これは一例です。しかし日本の場合、パブリックドメインと称しているものがやっているものよりも、ポップカルチャー、民間でやっていることのほうが優れているケースはとても多い。僕は何も突飛なことを主張しているんじゃなくて、今、市場やインターネットに既に出現している現象には、これからの社会制度や政治のあり方を考えるヒントが山ほど転がっているんじゃないかということです。

3-3 ポスト・コイズミ症候群を打破せよ！

宇野　そもそも僕は「今どきの若者」が政治に無関心だとは思っていないんです。ただ、政治を通じて世の中を変えられるということへの信頼感が低下しているだけなんじゃないかと思います。基本的に将来への経済的な不安が大きい世代ですし、ここに震災による社会不安の増大も重なっているので、政治自体への関心はいくらでも掘り起こすことが可能なはずなんです。インターネットを中心に、新しい言論シーンも盛り上がっている。だから、政治という社会参加の回路への信頼を高めることさえできれば、現在の議会制民主主義の枠内で若者層が大きな社会変革の原動力になり得るんです。

石破　これを言うと、けっこう驚かれる方が多いんですが、出口調査を見ると、私を支持してくださる比率が一番高いのは二〇代なのだそうです。これはおそらく、テレビで見て知っているから、という理由によるものだと思うのですが、その後高齢者層が続き、一番支持率が低いのが四〇代、五〇代の同世代なんです。どの年齢層に支持されているか、低い層の支持をどのようにして上げていくかは、もっと真剣に検討しなくてはなりません。

若い世代の方と話をしていると、「僕たちは政治に対して何をしたらいいんですか？」と聞かれることがあります。私はいつも「まずは自分で考えて、選挙に行くことです」と言っているんです。

宇野　宇野さんは、二〇〇九年の衆院選で民主党がやたらと勝ったのはなぜだと思いますか？あれは自民党への、いわゆる「NG票」だと思います。小泉政権は、その具体的な政策とその成果が吟味されていたかどうかはともかく、新しい日本の設計図を提示しようという姿勢が若者層の支持を集めていたことは間違いない。ところが、安倍さん以降の政権は小泉構造改革を完成させるのではなくて、戦後的なこれまでの社会構造を温存する方向に舵を切ったところがあると思うんですね。そのことが、当時小泉政権を支持した人たちの多くを落胆させたのは間違いないと思います。

石破　やはり、あれは自民党へのNG票なんでしょうね。内閣や政党の支持率を見ても、野田内閣の支持率が下がり、当然民主党の支持率が下がったら、本来は野党第一党である自民党の支持率が上がりそうなものですが、一緒になって下がっているという結果もあります。これは一体どう考えたらいいのか。野田内閣にも失望、民主党にも失望、でも自民党にも

宇野　期待が持てない。このことは、自民党も真摯に受け止めないといけない。
僕は二〇〇五年の「郵政解散」の時に京都四区に住んでいたんですが、その後の衆議院総選挙でいわゆる「刺客候補」に投票しているんです。しかしその次の国政選挙にはたぶん行っていない。入れたいと思う党がなかったからですね。今も事情はあまり変わらない。僕のように、当時小泉自民党に何かしら期待していた層は今、どの政党を支持していいのか分からないと思うんです。消去法でみんなの党や維新の会を支持している人も多いんじゃないでしょうか。実績のない彼らを支持するのは不安だけれど、他に小泉路線のポジティブな意味での批判的継承者はいないので……。
石破　本来ならそれは、私たち自民党が担うべき期待なんでしょうね。
宇野　これまでお話しさせていただいて、僕は石破さんがとても明確なビジョンをお持ちでいらっしゃることには感銘を受けています。
だからこそ、余計に思うんですが、本当のところ、今の自民党の中にいて、これまでお話しさせていただいたようなことが実行できるんでしょうか？
石破　「自民党ならできる」と思ってもらえるようにすることが、今のお話の答えなんでしょう。自民党が下野した反省を踏まえてつくった新しい綱領は、明確にまずは自助を基本として考えること、次に共助、最後に公助の順番で社会のしくみをつくることを謳っています。

それから、独立主権国家にふさわしい憲法改正をすることと、税制改正を行い、財政を再建し、経済を再生するということを柱としています。だから、一定の方向性はもう明示していると思うんです。

たしかに、今まではあまりにも大きな政党だったし、ほとんどずっと与党でしたから、「自民党とはなんなのか」と言われた時に、「その他大勢の集合体」みたいなところがかなりあったんじゃないか、と思っています。

日本国民から共産主義者、社会主義者、労組など特定の団体に属する人、特定の思想傾向を持った人などを除いた「その他大勢」。それが自民党の正体だったのでしょう。でも中流化が進み、価値観が多様化するようになって、「その他大勢」を束ねることがなかなか難しくなってきたところが、自民党の衰退の一因でもありました。私は、自民党の寿命は、小泉内閣が成立する前の時点で一度尽きていたのではないかと思うのです。直前の森（喜朗）改造内閣は、橋本（龍太郎）行革担当大臣、宮澤（喜一）財務大臣、河野（洋平）外務大臣、といった総理・総裁経験者がみんな入った超重量級の「This is 自民党」みたいな内閣でした。それでいながら支持率は一桁でしかなかったのです。

宇野　あれは全員総理大臣のような、まさにオールスター内閣でしたね。そしてそのオールスター内閣があんなコケ方をしてしまった。ほとんど総力戦の敗北のようなものだったように思えます。

石破　そこに小泉純一郎というスーパースターが現れて、なんとなく再生したように見えた。しかし、小泉総理のいくつかのキャッチフレーズのうちの一つは「自民党をぶっ壊す」だったんですよね。

小泉さんが総裁に選ばれた総裁選では、私は力いっぱい橋本元総理の応援をしたんです。あの時出馬したのは、小泉さん、橋本龍太郎さん、麻生太郎さん、亀井静香さんでした。当時の森派だけが小泉さんを応援して、国会議員のほとんどは橋本さんを支持していました。本来負けるはずがなかった。ところが蓋を開けたら、日本全国四七都道府県中、橋本さんが勝ったのは野中広務さんの選挙区の京都、青木幹雄さんの選挙区の島根、橋本さんの地元岡山、橋本さんが沖縄担当大臣だった沖縄、あとは私の鳥取県。たった五県でした。

その後、小泉総裁のもとで「自民党は変わった、改革政党になった」という話になり、自民党本部にはこのフレーズを書いた超特大のポスターが掲げられるわけですが、その時、本当にそうかなあ、と思ったことを覚えています。あれも一種のブームだったのかもしれません。

今の自民党と民主党の二大政党制というシステムが全然機能しないのは、自民党の中にもいろんな人がいる、民主党の中にもいろんな人がいる、というところがあるからです。どちらも幕の内弁当でおいしくない。やはり、うな重かカツ丼かではっきり分かれて、ちゃんと選んでもらったほうがいい。もう、民主も自民もカツ丼派は集まれ、うな重派はうな重派で集まれ、ということだと思います。

宇野　つまり、政界再編しかないということですね。

石破　それしかない。みんな、それは分かっているし、国民の意識もそうだと思います。

宇野　分かっているけど「千日手」的に動けない。では、この「千日手」的な状態が崩れるとしたら何がきっかけになると思いますか？

石破　集団的自衛権の行使を中核とする憲法問題、農業の発展策、原発を含めたエネルギー政策、日米同盟における日本の果たすべき役割の強化など、今まで徹底した議論と正面から国民に問うことを避けてきた諸課題こそが、そのきっかけとならなくてはなりません。

宇野　それって、つまりこの本でずっと話してきた、戦後的な体制を温存する派か脱戦後体制派か、ということではないですか？

石破　そういう意味では、かつて中曽根総理や安倍総理が掲げられた「戦後政治の総決算」や「戦後レジームの脱却」につながるところがあるのかもしれません。戦後はまだ終わっていない、というより、今まで表に出てこなかった戦後の問題点が、今一気に顕在化している、というのが私の認識なんです。

宇野　僕は、安倍さんの「戦後レジームの脱却」は、昔の左右対立のイデオロギーを蒸し返している時点で全然ダメだと思います。はっきり言って安倍さんの趣味の話でしかない。美しい国か美しくない国かは、国民それぞれの趣味判断で決めればいいことで、総理大臣の価値観を押しつけられても困ります。

石破　でも、あの時は圧倒的多数の自民党員が安倍さんを支持したんです。安倍さんの理想を、ともに歯を食いしばってでも実現する、というよりも、安倍人気にあやかろうとした人たちも多かったのではないでしょうか。

宇野　でも、安倍さんが一番国民をがっかりさせたんだと僕は思いますよ。これで自民党は変わったと思ったのに、郵政造反組を復党させ、「美しい国」とか言って、いかにも昔の錆びついた保守のイメージに回帰してしまった。そのことで、いろいろな人をがっかりさせたのだと思うんです。はっきり言えば僕もそうですよ。やはり郵政選挙の時に小泉さんに期待して、「戦後対脱戦後の新しい対立構造がついに生まれたんだ」と思ったんです。だから「小泉改革の続きが見たい。小泉は破壊したけれど再構築してないじゃないか、その先のビジョンを見せてくれ」と思っていたところで安倍さんが旧来の自民党に戻してしまい、気がついたら自民対民主の、バラマキ対バラマキのどうしようもない構図に戻ってでしまった。こんな、やり場のない怒りが橋下さんとかみんなの党とか、いろいろなところに噴出しているわけですよね。

石破　分析するとそういう面も確かにあるんでしょうね。さればこそ、「だからお前たちはどうするんだ」ということになるんです。

宇野　政界再編が必要なのは明らかですからね。たとえば自民党の一部と民主党の一部が合流して、みんなの党や、場合によっては維新の会と連立を組むというシナリオがあってもいいはずです。これならまさに自由化・開国・国民主権の再設定という三本柱を中心にした現実路線の政党になる。これは件《くだん》のポスト・コイズミを待望する層に訴求できると思います。

石破　誰が引き金を引くかですね。

宇野　それは、この話の流れだと石破さんにしかならないと思うんですが……（笑）。

石破　（笑）。私がいつも言っているのは、「誰がやるかではない、何をやるかだ」ということです。一人の政治家が一〇年も二〇年も総理大臣をできるわけではない。やはりどこかでエネルギーが切れるんです。今のシステムだと、総理大臣職は激務で、まさしく命を削ってやる仕事なのです。それはそれで「男子の本懐」かもしれないけれど、成し遂げたいことができないままに終わってしまっては、一代の英雄物語にしかなりません。
　政界再編と言っても、何も政党として合併する必要は必ずしもない。同じ志を持つ者なら、順番は誰が先でも、後でも良い。ただ、これだけは何があってもやる、という政策をあるグループにおいて共有し、それを国民の前に明示することで、そのグループの誰がリーダーになろうと政策的な継続性が保たれるようにしなければダメだ、ということです。場合によっては、総理が死ぬこともあるだろう、スキャンダルが起こることもあるだろう。しかし、それでも、バトンを継ぐ者は、絶対に同じバトンを引き継いでいく、ということでなければなりません。

今の民主党には、あまり政界再編に対する切迫感を感じませんけれどね。

宇野　こうしてお話をしていると、小沢さんは途中で転向しましたけれど、小沢―小泉と受け継がれてきたポスト角栄的な、五〇年の大計がようやくかたちに示されるようになってきたということですよね。逆に言うと、もうそこまで切迫してしまったということですね。

石破　政界再編は、遊びや冗談で言うようなものではありません。主義主張の違う者が同じ政党にいて、足して二で割るようなことをやっているから日本の政治は前に進まないんです。自分たちの主義主張を実現するために政治をやっているんだから、その責任感を持つべきだと私は思います。私たちに残された時間は少ないし、選択肢の幅は多くありません。だからこそ、政界再編は急がなければならないし、日本のために働ける自民党が、その再編の中核でありたい。誰のための政治かよく考えろ。私は自己反省としてそう思っています。

宇野　今回は、お忙しい中、長時間、本当にありがとうございました。しかし、僕は最後の最後は「誰がやるか」で決まると思っています。できれば、いつかは総理になってください。

石破　(笑)。こちらこそ、ありがとうございました。今回は宇野さんと話して、いろいろ啓発されました。

おわりに

二〇一一年九月、NHKの討論番組で初めて宇野さんと出会った。他の出演者は日頃馴染みの政治家や経済学者たちであり、私は「この人はいったい誰？　どうしてここにいるの？」と思ったし、宇野さんも「どうして自分が呼ばれたのか分からない」と言っておられた。

政治家や経済学者たちが（私を含めて）、もう何度も繰り返された、はっきり言って相当に退屈な議論を展開している中にあって、宇野さんの問題意識や議論の設定のユニークさは際立っていて、とても新鮮な感じがしたことをよく覚えている。世代も、携わってきた分野も、経験してきたこともまるで違うのだが、発想の基本は似通っているような気がした。感性が合う、今風に言えばケミストリーが合う、というのだろうか。

世の中にはさまざまな問題があって、皆それぞれ違う意見を持っている。消費増税にしても、原発再稼働にしても、オスプレイ配備にしても、「とにかく反対だ！」と叫ぶだけの人たちと、自分は安全な立場を確保したままで、意見を一切示さず、「こんな政治は困ったものだ」と一段上から評論だけする人たちというのがいる。

しかし、「国民主権」とはまさしく主権者たる国民が「自分が為政者なりせばどうするか」ということを考えて、政治に対して意見を述べ、投票をする、ということなのだ。それを一切考えないとするなら、それは主権者ではなくなってしまう。主権者は、王様に対して懇願することしかできない君主主権時代の領民とはまったく違うはずだ。小学生の時から「日本は国民主権の国です」と教わり、そのことに何の疑いも持ってこなかったが、タテマエと現実との間には恐ろしく乖離があるのではないか。

私と宇野さんは、世代も、育った時代背景も、環境も思想も当然異なる。だが、「小手先ではなく、根本から議論し、解決策を模索する」という姿勢だけは共有しているように思う。互いに阿《おもね》ることなく、考えを述べ合うことができたと思っている。

私は、フィクションやイリュージョンでなく真実を語りたいと思う。たとえば、アメリカの新型輸送機オスプレイの配備をめぐる議論についても、「オスプレイの安全性を確認せよ！」と言われたところで、世の中には「絶対落ちない飛行機」も「絶対沈まない船」も存在しない。ありもしないことを、まるであるがごとくに言い、神話の中に自らを耽溺させてしまってはいけないことを、我々は原発事故から学んだはずであり、いかにリスクを極小化するか、そのリスクが避けられなかった時にどのように対応し、誰がどう責任を取るか、ということから目を逸らせてはならない。

間違いなく今、私たちは後世特筆される歴史の転換点にいるのだと思う。若い世代に、この日本をたしかなかたちで遺す責任を負っている世代の一人として、同じ時代を生きる者の責任を共有できる宇野さんと対談ができたことを、心から嬉しく思っている。

石破　茂

二〇一二年七月二六日

こんな日本《にほん》をつくりたい

二〇一二年九月一九日　第一刷発行

著者　石破 茂
　　　宇野常寛
編集　河村 信＋藤岡美玲
発行人　落合美砂
発行所　株式会社太田出版
〒一六〇-八五七一 東京都新宿区荒木町二二 エプコットビル1F
電話〇三-三三五九-六二六二
振替〇〇一二〇-六-一六二一六六
ホームページ http://www.ohtabooks.com/

印刷・製本　株式会社シナノ

ISBN978-4-7783-1325-8 C0031